如何说
客户才会听
怎么听
客户才会说

王　力◎著

煤炭工业出版社

·北　京·

图书在版编目（CIP）数据

如何说客户才会听 怎么听客户才会说／王力著.
－－北京：煤炭工业出版社，2017（2024.5 重印）
ISBN 978－7－5020－6336－8

Ⅰ.①如… Ⅱ.①王… Ⅲ.①销售—方法 Ⅳ.
①F713.3

中国版本图书馆 CIP 数据核字（2017）第 318690 号

如何说客户才会听 怎么听客户才会说

著　　者	王　力
责任编辑	刘少辉
封面设计	朝圣设计·阿正

出版发行　煤炭工业出版社（北京市朝阳区芍药居 35 号　100029）
电　　话　010－84657898（总编室）
　　　　　010－64018321（发行部）　010－84657880（读者服务部）
电子信箱　cciph612@126.com
网　　址　www.cciph.com.cn
印　　刷　三河市九洲财鑫印刷有限公司
经　　销　全国新华书店

开　　本　710mm×1000mm$^1/_{16}$　印张　17　字数　310 千字
版　　次　2018 年 1 月第 1 版　2024 年 5 月第 2 次印刷
社内编号　9216　　　　　　　定价　48.80 元

一个严冬的夜晚，两个人初次见面。

对话一：

销售甲：今天好冷啊。

顾客乙：是啊。

……

一段尴尬的沉默。

对话二：

销售甲：今晚好冷啊！像我这种南方人，尽管在这里住了几年，但对这种天气还是难以适应，你感觉怎样？"

顾客乙：是啊，我父母虽是北方人，但我也是从小在南方长大，在这里还是很不适应的。

销售甲：你也是南方的？你是南方哪儿的？

顾客乙：我是南方……

聊得热火朝天。

上面这两则对话，你觉得谁会取得最后的成功呢？答案不言而喻。

俗话说："买卖不成话不到，话语一到卖三俏。"交易的成功，往往是口才的产物。做销售，不仅要有精明的头脑，还要会说话。

职场中，我们经常会听到抱怨：做销售真难，口若悬河，夸夸其谈不行；闷不作声，一言不吭不行；说得多招人烦，说得少让人误会……

　　《如何说客户才会听　怎么听客户才会说》一书将为你解烦除忧！成功靠腿，销售靠嘴，本书将告诉你如何与客户交谈，怎样说，说什么能吸引顾客、掌握主动、获取认同。一场交易就是一场外交活动，说客户想听的，听客户想说的，怎样说能打开心防，怎样听能让客户敞开心扉，等等，都是本书将要告诉你的。

　　销售就是见什么人说什么话，销售就是一步一步满足顾客的心理欲望，销售就是边说边听边问，销售就是相互应答……本书以最简洁的表达方式、最易于吸收的形式，通过大量的案例，以点带面地进行陈述，阅读它，你会受到全新的洗礼——

　　人们不喜欢被推销，但却热衷于购买；

　　推销失败的第一定律是：与客户争高低；

　　强烈的第一印象的重要规则是帮助人们感到自己的重要；

　　提问问题，建立有价值的对话，最终你就会获得你想要的：订单。

　　发展良好的个人关系，切忌率先谈及销售话题。

　　推销必须有耐心，不断地拜访，不可操之过急，亦不可掉以轻心，必须从容不迫，察言观色。

　　让客户谈论自己：让一个人谈论自己，可以给你大好的良机去挖掘共同点，建立好感并增加完成推销的机会。

　　如果你送走一位快乐的客户，他会到处替你宣传，帮助你招来更多的客户……

　　掌握它，你会迎来完美的蜕变——

作者

2017.10

上篇　会说：成功靠腿，销售靠嘴

第三章　说客户认可的话，获得认同

第四章　说让人放心的话，促进成交

第五章　说客户爱听的话，赢得订单

中篇　善听：真正的销售高手并不是"铁齿铜牙"

第六章　说得越多，成交的机会越小

下篇 践行：说客户想听的，听客户想说的

第十章 攻心说话，销售就是一步步满足心理欲

第十一章 投石问路，说好问好业绩好

第十二章　打开心防，在攻防中完胜

第十三章　避开禁忌，无往不利

第十六章 巧言善谈，没有攻不破的堡垒

上 篇

会说：成功靠腿，销售靠嘴

第一章　说听来亲切的话，拉近关系

说好开场白，拉近距离

张宇是戴尔公司的销售代表，他得知某省税务局将于年中采购一些服务器，林副局长是这个项目的负责人，他正直敬业，与人打交道总是很严肃。张宇为了避免两人第一次见面出现僵局，一直在思考一个好的开场白。直到他走进了税务局宽敞明亮的大厅，才突然有了灵感。

"林局长，您好，我是戴尔公司的小张。"

"你好。"

"林局长，我这是第一次进税务局，进入大厅的时候感到很自豪。"

"很自豪？为什么？"

"因为我每个月都缴几千元的个人所得税，这几年加在一起有几十万了吧。虽然我算不上大款，但是缴的所得税也不比他们少。今天我一进税务局的大门，就有了不同的感觉。"

"噢，这么多。你们收入一定很高，你一般每个月缴多少？"

"根据销售业绩而定，有的销售代表做得好的时候，可以拿到两万元，这样他就要交三四千元的个人所得税。"

"如果每个人都像你们这样缴税，我们的税收任务早就完成了。"

"对呀。而且国家用这些钱去搞教育、基础建设和国防建设，对我国早日成为世界强国大有益处。"

"不错。但是个人所得税是归地税局管，我们国税局不管个人所得税。"

"哦，我对税务不了解。我这次来的目的是想了解一下税务信息系统的状况，而且我知道您正在负责一个国税服务器采购的项目，我尤其想了解一下这方面的情况。戴尔公司是全球主要的个人电脑供应商之一，我们的经营模式能够为客户带来全新的体验，我们希望能成为贵局的长期合作伙伴。首先，我能否先了解一下您的需求？"

"好吧。"

开场白就是推销员见到客户以后的第一次谈话，在与客户面谈时，不应只是简单地向客户介绍产品，而是首先要与客户建立良好的关系。因此，一个好的开场白，对每个推销员来说无疑是推销成功的敲门砖。这个案例就是以精彩的开场白获得客户好感的经典实战案例。

案例中，作为戴尔公司的销售代表，张宇要拿下某个国税局的服务器采购项目，他知道开场白的重要性，因此在与客户见面之前就进行了思考。当他看到国税局气派的大堂时，就有了灵感，在见到主管这个项目的林副局长后，他开口便说："我这是第一次进税务局，进入大厅的时候感到很自豪。"

这句话的感觉是使双方的距离一下子就拉近了，陌生感也消除了很多。客户在好奇心理的作用下，询问张宇自豪的原因，这样张宇就从税务局大厅过渡到个人所得税，最后非常自然地切入主题——国税服务器采购的项目。由于客户已经对张宇建立了一定的好感，所以双方下面的谈话进行得很顺利。

由此可见，开场白的好与坏，在很大程度上决定了一次推销的成功与否。因此，推销员在拜访客户之前一定要想好自己的开场白，给客户留下好的印象，为成交打好基础。

表达出认同，交易才会顺利进行

表达同理心和赞美一样，是沟通中的"润滑剂"，而这一点也是在沟通中听到最少的，即行销人员说得最少的。这说明在沟通与谈判过程中，行销人员还没有把客户当成活生生的个体看。

一位行销方面的专家经常会问他的学员："如果你的一个朋友来你们家串门，向你哭诉，说他的小孩子不听话，天天爬上爬下的，这不，又从楼上摔下来了，摔得脸都青了。这时，你会向你的朋友说什么？"

他大部分的学生都说："现在的小孩子都是这样的。"这就是表达同理心。这说明不是行销人员不知道如何表达，而是还没有形成意识，理解和关心客户。

例如，如果你是某电信运营商的行销人员，客户在电话中说："我的手机丢了。"这时，你在电话中首先不是问那些原来已经设计好的问题，而是先关注客户："啊，手机丢了，确实应该立即办理停机。"这样，客户才会真正感觉被关注。

在行销中，销售人员用小的认同就能让客户感觉到足够的真诚，并且最终交易成功。

"您是宋经理吗？我是 A 公司梦里水乡房产销售处的小王，上次您来看过楼盘，说要先想想，您现在考虑得怎样了？"（这句话，我们采用的是开放性问题法，让顾客说出自己的顾虑或愿望，然后有针对性地给予解决。）

"我们家商量了，考虑到有个 3 岁的孩子，很成问题。"

"关于小孩托幼的事对吗？"

"对，是的。"

"宋经理，您看，梦里水乡在城北 10 公里处，不说小区内的各种配套社区服务，就是附近现有的6所幼儿园在设施及管理上都是一流的，您完全不用担心，只要是在本区内的住户，各幼儿园都有优惠政策。并且，不在本小区内上学的孩子，我们也有专车接送。"

"……对，不过，小姐，这房子太贵了。"

"是的，但要找到这样适合的户型也不容易，而且银行将为你提供抵押贷款，你只要首付30％，就可迁入新家了，余下的70％，可分10年付清贷款，抵押利息为3.8％。宋经理，您和太太是下周一早上9点还是下午3点来看看你们的新家？"

"这……就在早上吧。"

"好的，宋经理，请您带上签约金一万元人民币，下周一早上9点我在售楼处门口等您。"

"好的，再见！"

"再见！"

这位售楼小姐就是利用了认同心理，促使她取得了这笔交易。在行销中，无论是从事何种交易，表达出你的认同心理，都将有助于交易的顺利进行。

对询问，采取积极的回应态度

一位女士想买一副银灰色的手套，走进了一家商店，她问营业员："有灰色的手套吗？"营业员冷冰冰地说："抱歉，已经卖完了。"

这位女士失望地走了。过了一会儿，她来到了另一家商店，问营业员："请问，你们这里有没有银灰色的手套？"

"噢，很抱歉，我们正在进货，可能要过几天才能有。您是否可以考虑一下买白手套呢？天气已经转凉了。"营业员脑子转得快。

"可是……"

"没什么的，白手套今年比较流行。如果您觉得白色的手套容易弄脏，那您还可以购买另一副以备轮换使用，不是方便了许多吗？"

女士听后觉得的确如此，露出了愉快的笑容，立刻掏钱购买了两副白色手套。

案例中，我们看到，一位女顾客要买灰手套，面对她的询问，第一家商店的营业员基于店里灰手套已经卖完的事实，直接回答卖完了，结果顾客只有失望地离去。这个营业员显然已经形成了一种思维定式，卖完了就是卖完了，其他的也不用想了，结果失去了销售的机会，而其态度也给顾客留下了非常不好的印象。

与之相反的是，面对同样的询问，第二家商店的营业员则采取了积极的态度，在向顾客道歉之后，又建议顾客"您是否可以考虑一下买白手套呢？天气已经转凉了"。出自内心的关怀，让顾客的心里倍感温暖。当顾客犹豫时，她又陈述白手套今年比较流行，而且可以买两副轮换使用，这番话彻底打消了顾客的顾虑，并高兴地买了两副白手套。

在推销中，有时往往因为态度不一样，说的不一样，结果而大不同。会说话，善说话，就会促成交易，案例中的第一家商店，售货员态度冰冷，说话不懂拐弯，所以顾客选择了第二家商店，而我们再看第二家商店的营业员，"天气已经转凉了""如果您觉得白色的手套容易弄脏，那您还可以购买另一副以备轮换使用，不是方便了许多吗？"说话耐烦而且亲切，所以获得销售成功。

由此可见，面对同样的问题，不同的推销员往往会有不同的回应态度，得出不同的结果。推销员只有突破自己的思维定式，多说一些让客户听来亲切的话，才能取得较好的推销业绩。

说出客户的得意事，满足客户的成就感

一位学者访问香港时，香港中文大学的一位教授请他到酒店用餐。落座不久，菜和酒就送上来了。"哎——"，学者惊奇地发现送上来

的这瓶装饰精美的洋酒已开封并且只有半瓶，就问教授，教授笑而不答，只示意他看瓶颈上吊着的一张十分讲究的小卡片，上书：××教授惠存。教授见学者仍不解，遂起身拉他来到酒店入口处的精巧的玻璃橱窗前，只见里面陈列着各式的高级名酒，有大半瓶的，也有小半瓶的，瓶颈上挂着标有顾客姓名的小卡片。

"这里保管的都是顾客上次喝剩的酒。"教授解释道。

酒店怎么还替顾客保管剩酒？

回到座位上，教授道出了"保管剩酒"的奥秘。原来这是香港酒店业新近推出的一个服务项目，它一面世就受到广大酒店经营者的青睐。纷纷推出这项新业务。它的成功有很多原因。

其一有助于不断开拓经营业务。酒店为顾客保管剩酒后，这些顾客再用餐时，就多半会选择存有剩酒的酒店，而顾客喝完了剩酒之后，又会要新酒，于是又可能有剩酒需酒店代为保管，下次用餐就又会优先选择该店……如此循环往复，不断开拓酒店的生意，吸引顾客成为酒店的固定客户。

其二有助于激发顾客的高级消费欲望。试想，稍有身份的顾客，肯定不愿让写有自己名字的卡片吊在价廉质次的酒瓶上，曝光于众目睽睽之下。于是，顾客挑选的酒越来越高级，有效地刺激了顾客的消费水平。

其三有助于提高酒店声誉。试问，连顾客喝剩的酒都精心保管的酒店，服务水平会低吗？经营作风难道还不诚实可靠吗？

保存剩酒使顾客感受到宾至如归的亲切感，顾客光顾酒店的次数自然越来越多。

抓住人性，引诱顾客的销售方式数不胜数，各有其妙。有奖销售、附赠礼品、发送赠券、优惠券等，都是引诱推销法的具体运用，唯一不变的是以"利"、以"情"引诱顾客成为其忠实客户。

一次，百货公司的一个推销经理向一订货商推销一批货物。在最后摊牌时，订货商说："你开的价太高，这次就算了吧。"推销经理转身要走时，忽然发现订货商脚上的靴子非常漂亮。推销经理由衷赞美道："您穿的这双靴子真漂亮。"

订货商一愣，随口说了"谢谢"，然后把自己的靴子夸耀了一番。这时，那个推销经理反问道："您为什么买双漂亮的靴子，却不去买处理鞋呢？！"订货商大笑，最后双方握手成交。

没有卖不出去的商品，关键是看推销员的推销技巧的高低。分享客户的得意之事，往往让客户有成就感，这样更容易拉近彼此的距离，从而达成交易。

以情感去感化客户，获得订单

在推销时，我们一腔热情，而对方往往冷冰冰，怎么办？不能因为对方冷淡，我们就退出销售这个舞台吧，其实推销员与客户的交际好像在"谈恋爱"，能够把恋爱技巧运用到推销上的人一定是成功者。试想一下，如果推销员与这类客户一见面就大谈商品、谈生意，那他的推销一定会失败。因为这类客户对推销员的冷淡其实是出于警戒，要化解这种警戒，利用情感去感化客户，无疑是最有效的推销策略。

凡思是某法国大公司的销售代表。一次他专程赶到印度新德里找印度一家著名企业的负责人艾格尔谈一桩数额巨大的交易。

到了新德里，凡思几次电话约见艾格尔，都未能如愿。他最后总算与艾格尔通上了电话。

凡思："您好，艾格尔先生。"

艾格尔："您好，凡思先生！很抱歉，我很忙，咱们的交谈可能会很短。"

凡思："艾格尔先生！您好！我衷心向您表示谢意，感谢您对敝公司采取如此强硬的态度。"

艾格尔："为什么？"

凡思："因为您使我得到一个十分幸运的机会：在我过生日的这

一天，回到了自己的出生地，并很荣幸地与艾格尔先生您通上了电话。"

艾格尔："先生，您出生在印度吗？"

凡思："是的！我出生在贵国名城加尔各答。当时，我的父亲是法国驻印大使馆的一名工作人员。印度人民是好客的，我们全家的生活得到了很好的照顾。在我过 3 岁生日的时候，邻居一位印度老大妈送给我一个可爱的小玩具，我和印度小朋友一起坐在大象背上，度过了我一生中最幸福的一天。"

艾格尔："您能来印度过生日太好了，如果您今天有时间，到我这里来吧，我想请您共进午餐，表示对您生日的祝贺。"

自然，午餐是在亲切融洽的气氛中进行的。当凡思告别艾格尔先生时，这宗大买卖已经有了一定的眉目了。

感化客户，才能使销售工作进行下去。就像案例中的凡思，在非常被动的情况下，面对警惕心理强的客户，他采用了感化策略。

首先，他说："是您使我有机会在我生日这一天又回到了我的出生地，并很荣幸地与艾格尔先生您通上了电话。"这句话既巧妙地赞美了对方，又引起了对方听下去的兴趣。接着，他介绍了自己的身世，解除了对方"反推销"的警惕和抵抗心理，拉近了彼此的距离。

可以说，上述案例是情感推销的完美范例，凡思一系列的做法目的都是在影响客户的情感，促使客户在这个过程中做出购买决策。

销售中，推销员的信心常会被对方冰冷的口气摧毁，其销售热情也会降到零点，其实客户冰冷的口气并不代表客户是个毫无情感的人。推销员需要做的就是用情感去感化他们，从而获得订单。推销员在推销过程中遇到类似问题时，不妨向凡思学习。

与客户谈谈题外话更易被接纳

时常有些销售人员总以为如果到客户家中拜访，就应该言简意赅、直奔主题。为什么要这么做呢？原因如下：第一，节约了彼此的时间，让客户感觉自己是个珍惜时间的人；第二，认为如此提高了效率。事实上，这些都是销售人员自己的一厢情愿。

如果我们平时和客户就是这种谈话风格，那么赶快检讨一下自己。其实，这样的做法多半会让人反感，客户会以为你和他只是业务关系，没有人情味。另外，当他为了你的预约而守候半天时，你的直奔主题常常会令他觉得很不受用，仿佛你是日理万机抽空来看他一眼似的。

正确的做法是我们必须学会和客户适当地谈谈题外话。所谓题外话就是说些围绕客户的家常话，如同一位关心他的老朋友一般，但不要涉及他的个人隐私。

林小艾是某化妆品公司的美容顾问，也是位善于观察的行家。一次，她要去拜访一位在外企上班的白领张小姐。

那日，林小艾去的正好是张小姐刚刚装修好的新家。张小姐的家布置得十分古典，韵味十足，如诗如画的环境无一不是向外人诉说女主人的品位与爱好。

林小艾看到了这一点，不着痕迹地询问起她的每一件家具的来历，并表示出极大的赞赏。张小姐自然很开心地和她聊天，她们从家居的风格到风水，再到新女性的经济独立、人格独立，天南地北谈了两个多小时，却对化妆品只字未提。

末了，张小姐一高兴，买了许多昂贵的化妆品。此后，张小姐成为林小艾的老主顾，并为她介绍了不少新客户。

一份难能可贵的客户关系就由一次不经意的拉家常开始。拉家常看似简单，实则非常有学问。这需要我们练就一双火眼金睛，能迅速找到客户的兴趣点和令其骄傲的地方。

一名成绩显著的销售代表这么讲述他的一次难忘的经历：

有一次我和一位富翁谈生意。上午 11 点开始，持续了 6 小时，我们才出来放松一下，到咖啡馆喝一杯咖啡。我的大脑真有点麻木了，那富翁却说："时间好快，好像只谈了 5 分钟。"

第二天继续，午餐以后开始，2 点到 6 点。要不是富翁的司机来提醒，我们可能要谈到夜里。再后来的一次，谈我们的计划只花了半小时，听他的发迹史却花了 9 个小时。他讲自己如何赤手空拳打天下，从一无所有到创造一切，又怎样在 50 岁时失去一切，又怎样东山再起。他把想对人讲的事都跟我说了，80 岁的老人，到最后竟动了感情。

显然，很多人只记得嘴巴而忘了耳朵。那次我只是用心去倾听，用心去感受，结果怎样？他给 50 岁的女儿投了保，还给生意保了 10 万美元。

人们往往缺乏花半天时间去听销售人员滔滔不绝地介绍产品的耐心，相反，客户却愿意花时间同那些关心其需要、问题、想法和感受的人在一起。基于这个原因，和客户拉家常往往是客户最容易接受、最难以察觉的推销话术。

用亲切的话语，赢取信任

任何一笔生意的基础，靠的是什么？靠的就是双方建立起来的相互信任。

我们可以通过一个故事来说明这个问题：

在一个炎热的下午，有一位穿着汗衫、满身汗味儿的老农夫走进了汽车展示中心的大厅，他刚一进来，迎面立刻走来一位笑容可掬的营业小姐，很客气地询问老农夫："大爷，我能为您做什么吗？"

老农夫有点腼腆地说："不用，不用，外面天气热，我刚好路过这里，只是想进来吹吹冷气，马上就走啊。"

小姐听完后亲切地说："是啊，今天外面确实很热，您就在这休息一会吧！"说着便请老农夫坐在沙发上休息。

"可是……我们种田人衣服不太干净，怕会弄脏你们的沙发。"

小姐却微笑着说："没关系的，沙发就是给客人坐的，否则，公司买它干什么？"

休息一会儿后，老农夫便走向展示中心，围着那儿的新货车东瞧瞧，西看看。

这时，那位营业小姐又走了过来："大爷，这款车是新上市的，要不要我帮你介绍一下？"

"不用！不用！"老农夫连忙说，"你不要误会了，我可没有钱买，种田人也用不到这种车。"

"不买没关系，以后有机会您还可以向您的朋友们介绍一下啊。"然后小姐便详细耐心地将货车的性能逐一解说给老农夫听。

听完后，老农夫突然从口袋中拿出一张皱巴巴的白纸，交给这位柜台小姐，并说："这些是我要订的车型和数量，请你帮我处理一下。"

小姐有点诧异地接过纸来一看，这位老农夫一次要订6台货车，连忙紧张地说："大爷，您一下订这么多车，我们经理不在，我必须找他回来和您谈，同时也要安排您先试车……"

此时，老农夫语气平稳地说："小姐，你不用找你们经理了，我本来是种田的，最近和人投资搞货运生意，需要买几台货车，可是我对车子外行。买车简单，最担心的就是车子的售后服务及维修，因此我儿子教我用这个笨方法来试探每一家汽车公司。这几天我走了好几家，每当我穿着同样的旧汗衫走进他们的销售大厅，同时表明我没有钱买车时，常常会受到冷落，而只有你们公司，在得知我不是你们的客户之后，还那么热心地接待我，为我服务。对于一个不是你们客户的人尚且如此，更何况成为你们的客户之后呢？所以我决定购买你们的货车。"

正是因为营业小姐赢得了农夫的信任，她意外地接到了一笔大订单。可见，赢得客户的信任是多么的重要。所以说，与客户建立起信任关系是获得成交的基础，如果我们不能赢得客户的信任，销售基本是不可能成功的。

客户对销售人员的信任一般来自于以下五个方面：

1．讲话方式

是指销售人员的声音表现是否专业。当客户对销售人员的专业能力了解不多的情况下，他会通过其谈话方式，包括语音、语调等因素来判断其是否专业。

2．讲话内容

是指销售人员的专业能力。任何一个客户都希望与一个很熟悉他们行业的专家打交道，而不是同一个只会介绍公司的人打交道。在这种情况下，销售人员可以运用自己的专业能力来与客户建立信任关系，让客户从心里佩服你，信任关系也就自然而然地建立起来了。

3．可靠

履行诺言是可靠的一大标志，销售人员一定要遵守与客户约定的事情，并按时执行。当然，从声音中也可以判断一个人是否可靠。

4．坦诚

坦率而真诚的销售人员往往会取得客户的信任。坦率，就是要与客户开诚布公。举个简单的例子，销售人员要正视自己公司或产品相对不足的地方，并能与客户公正地去探讨它，而不是把自己夸得毫无缺点，甚至不惜说谎话来欺骗客户，这都对建立信任关系不利。真诚，就是要从客户出发，真心想帮助客户成功。没有哪一个客户会拒绝真诚要帮助自己的人。

5．致力于建立长期关系

销售人员当然希望在最短的时间内与客户建立起信任关系，但有时候他们必须花相当长的时间来与客户建立信任关系。对有些客户来讲，必须要经过了解、喜欢、信任这个过程，才能建立起信任关系。

第二章　说抓客户心的话，掌握主动

别出心裁，客户才愿意听你多说

小李："不好意思，打扰一下，请问是孙经理吗？"

孙经理："是的，有什么事？"

小李："是这样的，孙经理，实在不好意思打扰您，我是××旅行公司的小李，我想请问一下您以前有没有使用过××旅行优惠卡住酒店？"

孙经理："小李？什么卡？什么事情？快点说，我还有事要办。"

小李："非常抱歉，孙经理，我们的旅行优惠卡是方便您在全国各地坐飞机、住酒店时享受打折的。"

孙经理："我们不需要。"

小李："没关系，谢谢您，不好意思，打扰您了，再见！"

小李放下电话，也许心里会想，我打电话这么有礼貌，你居然对我那么冷漠，小李一直在抱怨孙经理的不对，却不从自己身上找原因。

其实小李完全可以以下面的沟通方式获取成功。

小李："您好，请问是孙经理吗？"

孙经理："是的，什么事？"

小李："您好，孙经理，我是××旅行公司的李××，今天给您打电话最主要是感谢您对我们公司一直以来的支持，谢谢您！"

孙经理："这没什么！"

小李："为答谢老客户对我们公司的支持，我们公司特别推出一种优惠卡，它可以使您在以后的旅行中不管是住酒店还是坐飞机，都有机会享受优惠折扣，相信这张卡一定会为您的旅行带来方便与更多的优惠。"

孙经理："好的，我可以考虑一下。"

一般来讲，推销人员与客户进行沟通的前三十秒钟是很重要的，这时所说的话往往是电话拜访人员留给客户的第一印象。你如何在这三十秒内给客户留下一个良好的印象？

在介绍自己时不要说"我是小张、小王"。有人说，称呼自己是小张、小王会显得跟客户关系更亲密一些。其实，销售工作不需要低声下气地去求别人，我们很少看到那些成功的销售主管在客户面前充当小字辈，只有那些刚刚从事销售工作的业务人员常常会这样做。另外，许多人一拿起话筒便抛出一句惯惯的用语"您好"，如果是日常交谈，这样开始还可以，但是如果你想给对方留下深刻而持久的印象，你就必须避免老套，要别出心裁。

沟通过程中，客户不喜欢浪费时间去听一些和自己无关的事情，除非这种谈话让他们得到某种好处。因此，推销中的电话沟通一般要包括三个方面的内容：我是谁或我代表哪家公司、我打电话给客户的目的是什么、我公司的服务对客户有什么好处。

另外，吸引对方注意力的办法还有以下几种。

（1）陈述企业的与众不同之处，如"最大""唯一"等。

（2）谈及刚服务过的其他客户，如"最近我们刚刚为×××提供过销售培训服务，他们对服务很满意，所以，我觉得可能对您也有帮助"。

（3）谈他所熟悉的话题，如"最近我在报纸上看到一篇您写的文章"。

（4）赞美他，如"我听您同事说您在××领域很有研究，所以，也想同您交流一下"。

（5）引起他对某些事情的共鸣，如"很多人都认为电话营销是一种有效的销售方式，不知您如何看（假如知道他也认同这一点的话）"。

安排说话顺序，把话说到点上

电子产品柜台前，一位电子产品推销员正在向顾客推销游戏软盘。

推销员："看您这年纪，您孩子快上中学了吧？"

顾客愣了一下："对呀。"

推销员："中学是最需要开发智力的时候，您看，这些游戏软盘对您孩子的智力提高一定有很大的帮助。"

顾客："我们不需要什么游戏软盘。孩子都快上中学了，哪敢让他玩游戏呢？"

推销员："这个游戏卡是专门针对中学生设计的益智游戏，它把游戏与数学、英语结合在一块儿，绝不是一般的游戏盘。"

顾客似乎有听下去的意思。

推销员连忙说："现在是知识爆炸的时代，不再像我们以前那样只是从书本上学知识了。您不要以为玩游戏会影响学习，以为这个游戏盘是害孩子的，游戏盘设计得好也可以成为孩子学习的重要工具。"

接着，推销员又取出一张磁卡递给顾客，说："这就是新式的游戏卡。来，我给您展示一下。"

渐渐地，顾客被吸引住了。

推销员趁热打铁："现在的孩子真幸福，一生下来就处在一个开放的环境中。家长们为了孩子的全面发展，往往投入了很大的精力。刚才有好几位像您这样的家长都买了这种游戏卡，家长们都很高兴能有这样既能激发孩子学习兴趣，又使家长不再为孩子玩游戏而着急的产品，还希望以后有更多的系列产品呢！"

顾客动心了，开始询问价钱。

最后，顾客心满意足地购买了几张游戏软盘。

出色的口才是营销能力的体现，它不仅要求推销员口齿伶俐、思维敏捷，还要求善于安排说话顺序，即语言要有逻辑性，把话说到点子上。对于推销员来说，良好的口才是说服顾客的利器，是把握主动权的保证。这个案例中，推销员就是凭借自己出色的口才实现交易的。

推销员说："看您这年纪，您孩子快上中学了吧？"这是一种典型的感性提问，是推销员根据经验得出的结论。当得到顾客肯定的回答后，推销员马上把自己的游戏软盘与中学生的智力开发问题联系起来，并且把游戏软盘定位于帮助孩子学习的重要工具。我们知道，家长是非常重视孩子学习和智力开发的，推销员这样说就说到点子上了，说到了顾客的心里。果然，顾客被打动了，交易做成了。

在这个案例中，推销员巧妙地运用了口才，一步一步、循循善诱，吸引了顾客的注意力，激发了顾客的购买欲望。可见，推销员要取得很好的销售业绩，就必须加强自己的说话艺术。

唤起客户的好奇心，为成交赢取机会

在行销沟通中，业务员可以首先唤起客户的好奇心，引起客户的注意力和兴趣，建立与客户的关系，从而获得与客户的顺利沟通。

引起客户好奇心的一个重要形式就是让客户感受到你所说的会对他产生价值。

例如下面这段对话：

小孟："您好，请问王总在吗？"

客户："我就是。"

小孟："王总，我是××公司的小孟，您最近来信询问A产品，我很高兴能为您介绍我们的产品，以及对您的公司将有何帮助。请问您现在方便谈话吗？"

客户："可以，你就说吧。"

小孟："王总，能否先请您告诉我，现在贵公司B型产品情形如何，还有您为什么想要了解我们的产品？"

"我们让员工自己操作B型机器，老是搞得一团糟，许多机器都损坏了。所以我了解一下A型产品的厂商……"

"王总，我们绝对可以让贵公司所有员工都感到满意，而且提供安装维修服务。不过，我可不可以提个建议？"

客户："当然。"

小孟："如果您方便的话，我亲自去拜访，跟您详细解说。您可以对我们公司和我们的产品有更清楚的了解，这在电话里不容易说清楚。您觉得这样如何？"

客户："要多长时间？"

小孟："不会超过半个小时。如果可以的话，我等一下就过去拜访，或是明天，看您什么时候方便呢？"

客户："我看明天下午两点好了。"

小孟以提出建议的方式激发客户的好奇心，吸引客户的注意力，让客户感到这一建议有助于改变现在的糟糕状态。因此，小孟也获得了进一步沟通了解的机会。

另外，利用客户的好奇心必须根据具体情况来设计具体的语言，而且还要注意以下问题：无论利用什么语言，都应该与推销活动有关。如果客户发现业务员的接近与推销活动完全无关，很可能立即转移注意力并失去兴趣。

无论利用何种办法引起客户的好奇心理，必须真正做到出奇制胜。在某个人看来新奇的事物，在他人看来并不一定新奇，如果业务员自以为奇，就会弄巧成拙，增加接近的困难。

无论利用何种手段去引起客户的好奇心理，都应该合情合理，奇妙而不荒诞。业务员应该向客户展示各种新闻、奇遇、奇才、奇谈、奇货等合乎客观规律的新奇事物来唤起客户的好奇心，以达到接近客户的目的。而不应该凭空捏造违背客观事实的奇谈怪论来诱惑客户，更不可装神弄鬼，进行迷信宣传。

如果你能激起客户的好奇心，你就有机会创建信用，建立与客户的关系，发现客户的需求，提供解决方案，进而成功地完成销售工作。

吊起顾客的胃口，更易达成交易

人的天性中总认为越难得到的东西越好，人们对事物的态度，是越朦胧越想寻求清晰，如果能把谜面说得扑朔迷离，人们就越想寻求谜底，破解谜面。胃口吊得越高，消化得就越好。

一天，一个销售员在上海市徐汇区某小区销售一种全新不粘锅。他们很顺利地进入了吴太太的家中。

吴太太说："我先生和隔壁的唐先生正在后院，不过，我和唐太太愿意看看你的不粘锅。"

销售员说："请你们的丈夫也到屋里来吧！我保证，他们也会喜欢我介绍的产品。"

于是，两位太太"硬逼"着他们的丈夫也进来了。

销售员做了一次极其认真的烹调表演。他用他带来的不粘锅与吴太太家中的锅同时煎了鸡蛋，二者的区别很明显，给两对夫妇留下了深刻的印象。但是男人们总是会装出一副毫无兴趣的样子。

一般销售员，看到两位主妇有买的意思，一定会趁热打铁，鼓动她们买，如果那样，还真不一定能销售出去，因为越是容易得到的东西，人们往往觉得它没有什么珍贵的，而得不到的才是好东西。这个聪明的销售员深知人们的这种心理，于是将样品放回盒里，对两对夫妇说："多谢你们让我做了这次表演，我实在希望能够在今天向你们提供不粘锅，但我今天只带了样品，等你们以后想买的时候再说吧！"

说着，销售员起身准备离去。这时两位丈夫立刻对那套不粘锅表现出极大的兴趣，他们都站了起来，想要知道什么时候能买得到。

吴先生说："请问，现在能向你购买吗？我现在确实有点喜欢那套不粘锅了。"

唐先生也说道："是啊，你现在能提供货品吗？"

销售员真诚地说："两位先生，实在抱歉，我今天确实只带了样品，而且什么时候发货，我也无法知道确切的日期。不过请你们放心，等发货时，我一定会记得你们的要求。"

吴先生坚持说："唔，也许你会把我们忘了，谁知道呀？"

这时，销售员感到时机已到，就自然而然地提到了订货的事情。

于是，销售员说："噢，也许——为保险起见——你们最好还是付订金买一套吧。一旦公司能发货就给你们运来。这可能要等一个星期，甚至可能要两个星期。"

此时，两位先生赶紧付了订金，一次本来成功机率不大的销售现在顺利地完成，且客户在一种求之不得的心情下交了订金，不得不说"故意不卖"这招有时很灵。

当然"故意不卖"也得要看对什么人，比如有的客户本来就不是非常需要你的产品，你如果不卖就真的卖不出去了。

所以，这还需要我们多观察、留心，掌握好"卖"与"不卖"之间的火候。

介绍商品时强化顾客的兴奋点

有一个中年男子到玩具柜台前闲逛，推销员李华热情地接待了他。男子顺手把摆在柜台上的一只声控玩具飞碟拿起来。

李华马上问："先生，您的孩子多大了？"

男子回答："6岁！"接着把玩具放回原位。

李华说："您的孩子一定很聪明吧？这种玩具刚刚到货，是最新研制的，有利于开发儿童智力。"她边说边把玩具放到柜台上，手拿声控器，开始熟练地操纵玩具飞碟，前进、后退、旋转，展示了玩具飞碟的各种性能，同时又用自信而且肯定的语气说："小孩子玩这种用声音控制的玩具，可以培养出强烈的领导意识。"说着，便把另一个声控器递到男子手里，说："试试吧，和孩子一起玩，多好。"

于是那位男子也开始玩了起来。这时李华不再说话了。大约2分钟后，男子停下来端详玩具，一脸的兴奋。

李华见机会来了，进一步介绍说："这种玩具设计很精巧，玩起来花样很多，比别的玩具更有吸引力，孩子肯定会喜欢，来买的顾客很多的。"

男子说："嗯，有意思，一套多少钱？"

李华仍然保持着微笑："先生，好玩具自然与低劣玩具的价格不一样，况且跟发展孩子的领导才华比起来，这点钱实在是微不足道。要知道孩子的潜力是巨大的，家长得给他们发挥的机会。您买这种玩具不会后悔的。"她稍停一下，拿出两个崭新的干电池，"这样吧，这两个新电池免费奉送！"说着，便把一个原封的声控玩具飞碟，连同两个电池，一同塞进包装用的塑料袋递给男子。

男子接过袋子说："不用试一下吗？"

李华说："绝对保证质量！如有质量问题，三天之内可以退换。"

男子付了款，高高兴兴地提着玩具走了。

顾客一旦对什么产生了兴趣，一般会立即表现出一种情绪上的兴奋，表明顾客正处于感性状态下，这时推销员一定要抓住使顾客产生兴奋的只言片语，及时重复和反问，或者主动介绍，以强化顾客的兴趣，达到销售的目的。

就像这个案例中的推销员李华，当她看见顾客拿起玩具后，就知道顾客已经对这个玩具产生了一定的兴趣，这时她及时上前询问。当得知顾客的孩子6岁时，又把玩具与培养领导意识等联系起来，并为客户展示玩具的各种性能，让顾客的兴趣进一步被激发出来。这个过程完全取决于推销员的临场能力，既要能够察言观色，又要能随机应变，针对不同的顾客需求使用不同的推销技巧。

当顾客询问价钱时，她又把价钱与玩具能为孩子带来的好处相比较（抓住顾客望子成龙的心理），并免费赠送两节电池，推销员这些策略的目的都是在强化顾客的感知，最终让顾客做出购买决策。

因此，当推销员在销售过程中遇到类似情况时，要在顾客现有的兴奋点上恰当提问、介绍，来强化对方的兴趣，刺激对方的购买欲，以达到销售的目的。

说话时要给顾客精神上的满足感

每个人的品位和欣赏水平不一样，你觉得好看的衣服别人未必觉得好看，你给他推荐的衣服他也未必会感兴趣。特别是知识型的顾客大都有自己的主见，你那厢热情洋溢地给他做推荐，他这厢压根就不会领情，只会觉得你太主动了，对他是一个碍眼物。

一位顾客走进某服装店。

销售员："小美女欢迎光临。我们店现在搞促销，买200返50元，买得越多返得越多。"

顾客："不好意思，我对于这些优惠没有兴趣。我从来不买这么成熟的衣服。哪怕优惠再多，价格再低，我都不会考虑的。我只喜欢青春活泼的风格。"

销售员："年轻漂亮的女孩子应该尝试不同风格的衣服呀。不试怎么知道不合适呢？我看这种风格的衣服美女穿起来一定会比你现在那个风格好看啊。"

顾客："对不起，我不能接受这种风格。"

销售员："美女我可以向你保证你穿上去肯定是最好看的，并且还正在搞活动，机不可失时不再来……"

顾客："对不起，我还有事。"

顾客头也不回地离开了。

这位销售员的错误在于：连顾客想要的是什么都不知道就开始自以为是滔滔不绝地进行推销。即使顾客说了不喜欢那种风格的衣服，销售员依然不设身处地地为顾客着想，丝毫没有转弯的想法。他的衣服介绍是"死"的，跟背台词似的，完全不考虑顾客的感受和反应。

这是一种典型的错误推销。很多导购在向顾客推荐产品时，自以为只要有毅力坚持下去，就可以获得成交。然而，导购的毅力和坚持却常常引起顾客的不耐烦，甚至把对方吓跑。真正聪明的销售员，会在探清楚顾客的实际需求之后，再采取相应的方式进行销售。除了品牌、质量、价位等因素，现在的很多顾客也非常重视精神上的满足感。比如下文中的娅娅就是这样的典型顾客。

娅娅无意间看到了一则高级美容店的广告，被广告的内容吸引了，便按地址找到了那家美容店。没想到，那个美容店居然坐落于银座最贵的地段。娅娅进入门店之后，发现内部装修非常地讲究品味，地上铺着柔软舒适的绒毯，所有的家具都是北欧制的高级品。

看到眼前的这番情况，娅娅按下了心，在美容小姐的引导下，娅娅接受了美容护肤服务。虽然娅娅感觉这家店的美容效果和别的店并没有多大的差别，但是这家店向娅娅索要的费用要比一般的美容店高出一大截。虽然钱包大出血，但是因为在银座的高级美容店享受到了一流的美容服务，娅娅感到相当满足。仅仅因为这个理由，娅娅至今仍然时常光顾那家美容店。

很多客户进入美容院，真正期待美容师所带给她的，并不单单是"容貌"的改善，还有消费之后所带米的精神愉悦和心理的满足感。随着经济的发展，人们的基本生理需要的满足，人们已经开始意识到精神方面的需要，迫切希望能够在这方面有所满足。针对客户的这种心理需求，我们销售员要采取各种方法来满足，以获得销售的成功及高利润、高提成。

不以产品为中心，要以客户为中心

推销员："对不起，先生……"

客户："唔？你是谁？"

推销员："我叫本·多弗……"

客户："你是干什么的？"

推销员："哦，先生，我是爱美领带公司的。"

客户："什么？"

推销员："爱美领带公司。我这里有一些领带相信你会喜欢。"

客户："也许是吧，可我并不需要。家里大概有 50 条了。你看，我不是本地人，至少现在还不是。公司把我调过来，我出去找房子刚回来。"

推销员："啊，让我成为第一个欢迎您到本地来的人吧！您从哪儿来？"

客户："佐治亚州阿森斯。道格斯棒球队的故乡！也是世界上最好的社交城市。"

推销员："真的？"

客户："那当然。"

推销员："听起来挺有意思。不过说到领带……"

客户："不，我觉得并非如此。"

推销员："这个星期大减价，才12美元一条，不过我今天可以以10美元卖给你。它一定很配你的上衣。"

客户："不，我今天不买。跟你谈谈还真有意思，不过我得休息了。今天一整天我都不舒服，而且很累，也不知是怎么回事，和我以前的感觉不大一样。不管怎样，我得休息一下了。今天晚上我想放松放松，在房间里安安静静地喝啤酒。"

推销员："这么说，你对我的领带毫无兴趣。"

客户："没有。再见。"

在和客户沟通的过程中，推销人员要学会运用一定的语言技巧，让客户乐于和你交流。在上面的案例中，推销员如果能运用一些沟通技巧，把领带的事放在一边，先和客户聊起来，以客户为中心，最终也许会销售成功的。

和客户谈话时，要以客户为谈话的中心。一定要把客户放在你做一切努力的核心位置上！不要以你或你的产品为谈话的中心，除非客户愿意这么做。

这是一种对客户的尊重，也是赢得客户的重要技巧。销售人员必须要摆正自己的位置，即明确自己扮演的角色和行动目标——满足客户的需求，为客户提供最满意的产品或服务。

　　如果客户善于表达，那你就不要随意打断对方说话，但要在客户停顿的时候给予积极回应，比如，夸对方说话生动形象、很幽默等。如果客户不善表达，那也不要只顾着你自己滔滔不绝地说话，而应该通过引导性话语或者合适的询问让客户参与到沟通的过程当中。

第三章　说客户认可的话，获得认同

不诋毁，客观地评价对手

在推销中，我们经常会被客户问及：某某商品怎么样？面对这个问题，有些人以为打击对手就能让客户对我们满意，事实上这不但达不到目的，还会令客户产生不信任感。

会说话的推销员绝不会说"某某不行"等之类的话语，因为他们知道诋毁对手只能引起反感，当客户问及竞争对手时，最好的回答就是客观评价对手，然后说自己的产品好在哪里。这样说不仅不会让自己受损，还会让客户觉得你实在，进而认可你，如此，推销就不难了。

其实，在与客户接触的过程中，无论是哪个环节的交往，任何时候都要避免说竞争对手的坏话。那种一味打击他人，把别人的产品、服务贬得一无是处的人，往往得不到客户的认可。

"您认为A公司（竞争对手）怎么样？"这是所有的行销人员都会遇到的客户询问。有的行销人员为此请教专家这类问题：

"有一次在针对一位客户的销售项目中，我们占有很大的优势，无论在产品、服务还是价格方面。可最后客户却选择了我们的竞争对手，你说这是什么原因？"

专家给他分析说："如果单纯从这个问题来看，原因可能很多，比如，客户喜欢竞争对手的行销人员、迫于某种关系上的压力等。"后来这名行销人员说："我们的行销人员后来问客户是什么原因，客户说，在当时客户希望销售人员对他们的竞争对手进行评价的时候，该行销人员对竞争对手进行了攻击，这产生了负面影响。"

这就是客户没有选择他们的一个主要原因。

类似的情况A公司就曾遇到过一次，A公司的一位客户经理在给客户打电话时，客户说："××公司说你们是一个××样的公司（采用负面的诋毁语言），我当时就说，A公司是什么样的企业，我自己心里清楚，你凭什么这样讲？！"客户问A公司有何看法，这位客户经理说：

"作为一个专业的行销人员和专业的企业，应当大度，应该客观评价竞争对手，如果××公司的行销人员这样讲我们公司，我感觉也没有什么，这只能说明这家公司不会有太长远的发展。客户心里是最清楚的，我们该怎么做就怎么做，相信我们的实力。"

最后的结果是什么？客户对××公司的行销人员自然没有什么好的印象，而最后当然是A公司顺利得到了价值几百万元的合同。

当客户问到你对竞争对手的看法时，行销人员应该表现出应有的大度，客观评价竞争对手。而不能诋毁对手公司甚至是诬蔑对手。

如果客户问："你认为A公司怎么样？"

你可以回答说："A公司也不错，并且A公司的产品最大的优势就是集中在L产品上。如果您对L产品有很高要求的话，使用A公司的产品也是不错的选择。"

如果客户说："我也需要A公司的L产品。"

你可以这样回答说："就您刚才所谈的，L产品只是您所有要求中很小的一部分，对您最重要的还是B方面，而B和L我们做得都不错，尤其是B，所以，B真的很适合您，您说是不是？"

当客户听到行销人员的这种客户评价，他会感到非常高兴，进而对销售人员产生信任，生意自然也就很容易做成了。

说出来的话让对方听起来有用

客户在索要了有关××保险的5年期两全保险的资料后就没有了联系，因此销售人员主动给客户打电话了解客户的具体要求。

销售人员："李先生，您好，上次给您送的保险资料都看过了吧？"

客户："看过了！"

销售人员："有没有什么具体的问题，我能否帮您呢？"

客户："不用，我基本了解了。我现在挺忙，等有时间我再给您电话，可以吧？"

销售人员："保险主要保的就是意外，如果您特别忙，说明经常在外，安全系数就比较低，如果投保了，对家人总是一种安慰，您说呢？"

客户："我知道，现在不说了，我还在开会，确实太忙，我一定给您电话的。"

销售人员："我们上门，一点都不麻烦，只要5分钟。5分钟如果可以获得一个妥当的保险还是值得的，您忙，我们候着您。"

客户："不行呀，这个会完了立刻就要走。"

销售人员："我知道您肯定特别忙，不然您就给我电话了。我这个电话的意思是，我们××保险有一个精神，那就是不能由于客户忙而耽误了客户感兴趣的保险，不能由于您忙而让您无法享受我们的优质服务，这样，我们约一个时间，我过去。"

客户："您过来呀？我还在开会呀。"

销售人员："不要考虑我，您开会，我等您。××保险的精神不能在我这里停滞，您说地点吧。"

客户："不行呀，这个会完了，立刻就要走，肯定没有时间与您谈。"

销售人员："我们不用谈，5分钟就够，实在不行，我与您的秘书具体谈一下也行，其实我都已经在路上了，我来核实一下您的具体地址。"

客户："都已经在路上了？那好吧，地址是……"

"没有时间"似乎成了现代人的口头禅，而且用来作为拒绝的理由也显得特别充足。其实"没有时间"是一个相对的概念。问题的关键在于：对自己很重要的事情，人们总会有时间；当觉得某件事不那么重要时，人们总会想办法推托。当销售人员打电话给客户，客户说"我现在很忙，没有时间，以后再说吧"时，这种情况只能说明一个道理，这位销售人员的电话对这位客户来说并不重要，客户手里边的任何一件事都比接听这位销售人员的电话重要。

其实解决这个问题很简单，就是销售人员说话时务必要让自己的话让对方听起来是有用的，而且非常重要。过于平淡的话语不足以打动一个商业上忙碌的生意人，要从核心实质上打动客户。应对繁忙的客户首先要强调占用的时间是短暂的，其次要强调已经采取行动了，从而获得邀约的成功。

富有创意的语言才有让顾客交谈下去的欲望

销售人员："您好，请问是于总吗？"

于总："是的，请问什么事？"

销售人员："于总，您好，我是××公司的小李，我们是专门做网站建设的，今天下午我刚好要经过您公司那边，想顺便过来拜访一下您，您觉得方便吗？"

于总："对不起，我很忙，没时间。"

销售人员："那您觉得什么时间方便呢？"

于总："这就很难说了，以后再说吧！"

销售人员："那好吧！以后再联系，谢谢！"

案例中客户的态度是不是很不给销售人员面子？其实面子不是客户给的，而是销售人员自己挣的。

总的来说，这篇开场白和那些新八股式的形式化文章一样，大体上看不出什么好坏。就像语文课本上的范文，你挑不出毛病，可要使你对它发生兴趣，那可就太难了。

应该知道，每天客户都会接到不止一个推销电话的打扰。所以，这种程式化的、没有一点创意和新鲜感、没有一点幽默感的推销电话，肯定会遭到客户的拒绝。

销售人员要想不被当场回绝，就需要在这一时段把客户漫不经心的注意力变得越来越集中，让客户对你陈述的事实产生兴趣。在陈述阶段，对客户进行意向性的试探，要用各种方法，激起客户的兴趣和欲望。

同样一件事由于说法的不同，产生的效果也就天壤之别。富有创意的语言，可以激发客户与你交谈下去的兴趣；平淡无奇的语言，只能导致客户拒绝你，从而中断你们之间的谈话。

在平时的沟通中，要不断锻炼自己语言的创意，相同的事试着换一种说法去表达，也许你会得到意想不到的收获！

找到客户最关心的，然后聚焦推销

曾经有一位房地产推销员，带一对夫妻进入一座房子的院子时，太太发现这房子的后院有一颗非常漂亮的木棉树，而且推销员注意到这位太太很兴奋地告诉她的丈夫"你看，院子里的这棵木棉树真漂亮。"当这对夫妻进入房子的客厅时，他们显然对这间客厅陈旧的地板有些不太满意，这时，推销员就对他们说："是啊，这间客厅的地板是有些陈旧，但你知道吗？这幢房子的最大优点就是当你从这间客厅向窗外望去时，可以看到那棵非常漂亮的木棉树。"

当这对夫妻走到厨房时，太太抱怨这间厨房的设备陈旧，而这个推销员接着又说："是啊，但是当你在做晚餐的时候，从厨房向窗外望去，就可以看到那棵木棉树。"当这对夫妻走到其他房间，不论他们如何指出这幢房子的任何缺点，这个推销员都一直重复地说："是啊，这幢房子是有许多缺点。但您二位知道吗？这房子有一个特点是其他房子所没有的，那就是您从任何一间房间的窗户向外望去，都可以看到那棵非常美丽的木棉树。"

这个推销员在整个推销过程中，一直不断地强调院子里那棵美丽的木棉树，他把这对夫妻所有的注意力都集中在那棵木棉树上了。当然，这对夫妻最后花了 50 万元买了那棵"木棉树"。

在推销过程中，我们所推销的每种产品以及所遇到的每一个客户，心中都有一棵"木棉树"。而我们最重要的工作就是在最短的时间内，找出那棵"木棉树"，然后将我们所有的注意力聚焦在推销那棵"木棉树"上，那么客户就自然而然地会减少许多抗拒。

当你接触一个新客户时，应该尽快的找出那些不同的购买诱因当中，这位客户最关心的那一点。

最简单有效地找出客户主要购买诱因的方法是敏锐的观察以及提出有效的问题。另外一种方法也能有效地帮助我们找出客户的主要购买诱因。这个方法就是询问曾经购买过我们产品的老客户，很诚恳地请问他们："先生／小姐，请问当初是什么原因使您愿意购买我们的产品？"当你将所有老客户的主要的一两项购买诱因找出来后，再加以分析，就能够很容易地发现他们当初购买产品的那些最重要的利益点是哪些了。

如果你是一个电脑财务软件的推销员，就必须非常清楚地了解客户为什么会购买财务软件。当客户购买一套财务软件时，他可能最在乎的并不是这套财务软件能做出多么漂亮的图表，而最主要的目的可能是希望能够用最有效率和最简单的方式，得到最精确的财务报告，进而节省更多的开支。所以，当推销员向客户介绍软件时，如果只把注意力放在解说这套财务软件如何使用，介绍这套财务软件能够做出多么漂亮的图表上，可能对客户的影响并不大。如果你告诉客户，只要花 1000 元钱买这套财务软件，可以让他的公司每个月节省 2000 元钱的开支，或者增加 2000 元的利润，他就会对这套财务软件产生兴趣。

借力说话，用事实与数据获取认同

如果你自信满满的说出自己的观点，却马上遭到他人的反对，你会不会很不痛快？是的，因为没有人希望自己的观点不被认同。作为销售人员，面对客户提出的你并不认同的观点，如何进行反驳，如何做到在巧妙表达自己不同观点的同时也让他愿意接受呢？

借力使力的销售策略可以让你在表达不同意见的时候不引起别人的反感，甚至不引起对方的察觉。在销售中，这种借力使力的方式对于说服对方尤为有效。

借力使力销售策略的基础是让对方有足够多的机会表达他的意见，销售员可以根据他所说的，因势利导进行变相的反驳。但前提是一定要让他感觉到你真的尊重或认同他的意见，同时再提出你的意见，这样就不会让客户感觉你在生硬的不留情面的反驳他。

格林推销保险许多年了，一次，为了拿下一家广告设计公司的保险业务，他连续工作了很多天。终于有一天，该公司总裁决定约他去见一面，以决定保险的事。这是桩大生意，竞争也非常激烈。除总裁之外，参加见面的还有他们公司的其他四个人。格林一落座，就预感到这桩生意可能有变。事实证明格林的预感没错。

总裁："格林先生，我没有什么好消息给你，我们经过仔细研究，决定把这笔保险业务给别人了。"

格林："您能告诉我为什么吗？"

总裁："因为他的计划和你的相差无几，可是价格却低得多。"

格林："我能看看具体的数据吗？"

总裁："那样对其他人就太不公平了。"

格林："是的，确实。那别人有没有看了我的计划书？"

总裁："嗯……不过我只是想让他在计划中给出具体数据。"

总裁把别人的计划递给格林，他一看立即就发现这份计划有问题，把投保人的收益夸大了，这完全是 种误导。他没有直接告诉总裁他受骗了。

格林："我能用您的电话吗？"

总裁："（略有些吃惊）请便。"

格林："您能不能在另一部分机上也听听，总裁先生？"

总裁："可以。"

很快格林就接通了提供不精确数据的保险推销员所属分公司的经理的电话。

格林："你好，我是弗兰克·格林，我想向您核实一些数据，您手边有《获得收益手册》吗？"

经理："我有，请问吧。"

格林："请查一下新修改的人寿险 46 岁投保人的收益。"

经理向格林提供了收益数据，格林把数据和手中的那份计划作了对比。46 岁正好是总裁先生的年龄。

格林："第一阶段的收益是多少？"

经理把查到的准确数据告诉了他。

格林："请告诉我第一个 20 年的收益数据。"

经理："我没法向你提供，因为我们公司没有划定这一段的收益数据。"

格林："为什么？"

经理："这是一种新的人寿保险合同，保险公司不知道那些投保人以往的情况。"

格林："你们不能核算一下吗？"

经理："我们没法预测未来的情况，而且法律上也不允许对未来的收益作预测。"

但是，格林手中的那份计划书却极大方地核算出了未来20年的收益。

格林："谢谢，希望很快能在生意上与您合作。"

挂断电话后，总裁一言不发。格林平静地坐在那里看着他。他抬起头，看看格林，看看他的助手们，说："好啊，这就是事情的本来面目。"

毫无疑问，生意是格林的了。

格林并没有说一句对手的不好，也没有直接跟客户说他的观点错误，而是顺着客户的思路，采取了相应的行动，借用事实与数据让客户了解到他的选择其实是错误的。

以下是得到客户的认同，让客户对产品和服务满意的应用技巧：

（1）采取肯定回答的制约陈述。也就是找出客户谈话或观点中的合理成分，加以肯定。说服他人的过程是一个在心底里秘密进行的过程，要确保不被对方觉察。一般情况下，肯定对方有多种形式，标准例句如下："这真是个好天气，不是吗？""您说的很有道理，我同意，同时……""这栋房子能够让你住得非常舒适，不是吗？"。

（2）利用反问的方式对话。自然的反问语气可以有效的掩藏你的真实意图，让客户不易觉察。反问式对话通常可以这样提问："今天的温度难道不是最适宜的吗？""难道您不喜欢这辆车？"

（3）采取附和式谈判技巧。附和就是说，只要是客户说的对销售有利的，都表示肯定和赞同。假如客户说："这房子真不错。"你就可以附和说："可不是吗？"客户说："我觉得我应该能用到这个产品。"你可以附和说："是的，这真是个明智的选择。"

（4）采取沉默法。适当的沉默一方面可以防止客户对你产生"急功近利"的印象，另一方面，给客户足够的思考空间，考虑你的产品对他的好处。而且，沉默有时候也会给客户一种压力，让他尽快做出决定。总之，客户喜欢销售员对他时间的尊重，那他也会给你想要的回报。

把客户的责任心转化为购买的理由

乔治，35 岁，已婚，有两个小孩，年收入在 6 万元左右，而且每年都要付一笔 3 万元的房屋抵押贷款的费用。保险业务员马克曾卖给他一张 3 万元的保险，两人因此成了朋友。

现在马克想提高一下保单的保额，于是在聊天的时候，这样劝告他。

"乔治，您现在事业顺利，身体状况良好，可是天有不测风云，虽然我们不喜欢谈不吉利的事，可是万一真有那么一天，您夫人怎么办？她能挑起生活的重担把两个孩子带大吗？在大多数的情况下，一家之主发生了意外，整个家庭随即就会陷入困境，那一大笔的医药费和丧葬费用，就能把新寡的妻子逼疯。如果银行这时又要求收回贷款，那整个情况真是不可想象了。您也知道这个社会是很少有人会对这样的家庭伸出援手的。您想想看，到时候该怎么办？"

"我已经买了一张 3 万元的保险呀，我想这大概够了吧！"

"这张保单当然是能起到一定的作用，可是您想想看，您现在的房屋抵押贷款是 3 万元，所以这张保单保的不过是贷款的金额。如果还有一大笔的医药费和丧葬费要付的话，又该怎么办？这些钱加起来至少也要 5 万元吧，需要花钱的事情真是太多了！"

"那我老婆可以去找工作呀！"

"工作哪有那么容易找呢？"

"也有道理，不过她以前做过事，那个时候她教书。噢！不过教书这个行业已经不比从前啦，她可能还要去补修教育学分，可是现在教师的缺额又这么少，要找个工作还真不容易呢！"

"就算她能找到一份工作，您想想看薪水够三个人的开销吗？假如她运气不错，找到一个薪水有您现在收入一半的工作，扣掉税金后，她也许晚上还得出去补修几门功课，这也需要花钱；再说她还要支付社会福利金，也得请个保姆来照顾小孩，这一切都要从她的收入中支出，那还有多少钱可以家用呢？"

"我可以想象这些问题，即使她能找到一份工作，我想日子也不会好过的。"

"这就是为什么我认为您应该再买一份保险。这样即使您遭到不幸，至少在 5 年以内您太太还能享受目前的生活水准。这样她就有一段缓冲时间可以再回学校去学点东西，然后在没有压力的情况下，找一份比较理想的工作，而且在您的两个宝贝还需要母亲照顾的时候，她也能多照顾他们一些。"

"那你看我是不是应该将保额提高到 10 万元呢？"

"这样当然是比较好！不过我们还忽略了一些问题，您想想孩子们的教育问题，这要花多少钱呢？"

"一个孩子 1 万元吧，也许还不够呢，现在大学的学费越来越贵了。"

"所以该把这些都加在一起，才是最适合的保额。您自己可以算得出来：每年需要付 3 万元的房屋贷款的费用，另外 2 万元作为孩子的教育费用，如果想在 5 年之内让太太孩子继续享受目前的生活水准，至少需要 10 万元，再加上医药和丧葬费 5 万元，这样您应该要保 20 万元的保额，扣掉您手上现有的 3 万元，您需要再保 17 万元。"

"这可不是小数目啊！"

"可是，乔治，假如您希望您的家庭能够不被一次意外所摧毁，失去现有的生活水准，您就需要这样的保额。想想看，您还有什么其他的方法能够提供给家人这样的保障呢？"

"你说的有道理，就按你说的办吧。"

劝说客户购买你推销的产品，仅靠介绍产品的优势是远远不够的，必须运用一些除产品之外的因素，运用爱的力量就是其中的一种。爱是人的一种感性思维，如果在推销中能够灵活运用，就一定会取得很好的效果。

就像案例中的保险推销员马克，在老客户乔治已经购买了 3 万元的保险之后，继续劝说客户增加保险额度，他所运用的策略就是利用客户对家人的爱。

马克首先假设客户将来遇到意外，然后通过逻辑分析，他家人的生活将受到怎样严重的影响，如果购买相应的保险就能避免这种情况的发生，激发了客户的家庭责任感，取得了客户的认同，最终达到销售的目的。任何一个一家之主都有其责任心，这种责任心是强烈的，如果推销员能够把客户的责任心转化为其购买的理由，成交也就成为很自然的事了。

把有利于客户的 FAB 讲出来

客户："刚才您介绍的 Pod 的电池真的可以用 3 年？"

销售人员："您看，说明书上有详细的电池寿命的说明，正常使用情况下，充电次数为 5000 次。在您一天最多充电 4 次的情况下，就是 1250 天，差不多 4 年呢。"

客户："可是你们这个产品刚推出不到半年，怎么就知道可以用 3 年呢？"

销售人员："一个产品推向市场都是经过大量测试的，已经经过国家检验，您就放心吧。"

客户："如果电池不到 3 年就无法充电了，您答应给免费更换吗？"

销售人员："如果产品过了保修期，更换要收费的，保修期是一年。"

客户："所以，还是不一定保证可以使用 3 年。"

此时销售人员已经没有足够的理由让客户信任了，客户有各种各样的疑问其实是非常正常的事情。导致客户怀疑产品品质、技术特点的主要原因，是销售人员在介绍产品时没有应用 FAB 的技巧。

FAB 对应的是三个英文单词：Feature、Advantage 和 Benefit，即属性、作用和利益。在阐述观点时，按照这样的顺序来介绍，就是说服性演讲，它达到的效果就是让客户相信你的产品是最好的。

下面解释一下说服性演讲的三个要素。

1. 属性（Feature）

我们经常把它翻译成特征或特点。特征，顾名思义就是区别于竞争对手的地方。当你介绍产品且与竞争对手的产品进行比较时，就会让客户产生一定的抵触情绪。如果把用于销售的 Feature 翻译成属性，即你的产品所包含的客观现实、所具有的属性就会避免客户抵触情绪的产生。比如，讲台是木头做的，木头做的就是产品所包含的某项客观现实、属性（Feature）。

2. 作用（Advantage）

很多销售人员把它翻译成了优点。优点就是你们比竞争对手好的方面，这自然会让客户产生更大的抵触情绪。因为你们所面临的竞争对手非常多，相似的产品也很多，你们的产品不可能比所有的产品都好。

现实中的每一个产品都有各自的特征，当你们说产品的某个功能比竞争对手好的时候，客户就会产生反感。实际上，在销售中把 A（Advantage）翻译成作用会更好一些，作用（Advantage）就是能够给客户带来的用处。

3. 益处（Benefit）

顾名思义，就是给客户带来的利益。比如，讲台是木头做的，那么木头做的给客户带来的益处就是非常轻便。

以讲台为例，FAB 应该这样解释，这个讲台是木头做的，搬起来很轻便，所以使用非常方便。这样的结构，是销售人员说服性演讲的结构，只有这样的结构才能让客户觉得你的产品满足了他的需求，并且愿意购买该产品。

在上面的案例中如果应用 FAB 技巧，在客户提出问题时，销售人员的回答应该是这样的：

"所有小型电器产品，尤其是移动类型的产品，如 ×× 这样的 MP3 播放器的主要挑战就是电池的性能。在美国，许多消费者最在意的就是这款随身听的电池耐久性。在产品推向市场之前，经过大量的试验，尤其是抗衰减测试，现在的内置电池已经比以前的性能提高了百倍，可以支持 5000 次以上的充电，一般一天充电 4 次的话，可以使用 1250 天，将近 4 年的时间。许多用户使用 4 年以后，也到了 MP3 更新换代的时候，如果仍然继续使用，我们提供成本价更换电池的服务。"

产品介绍的关键是要掌握产品对消费者有利的部分，而不是滔滔不绝地讲产品特征。

真诚追问，主动打消疑虑

销售人员："您好！韩经理，我是 ×× 公司的 ×××，今天打电话给您，主要是想听听您对上次和您谈到购买电脑的事情的建议。"

客户："啊，你们那台电脑我看过了，品牌也不错，产品质量也还好，不过我们还需要考虑考虑。"

（客户开始提出顾虑，或者说是异议。）

销售人员："明白，韩经理，像您这么谨慎的负责人做事都会考虑得十分周全。只是我想请教一下，你考虑的是哪方面的问题？"

客户："你们的价格太高了。"

销售人员："您主要是与什么比呢？"

客户："你看，你们的产品与×××公司的差不多，而价格却比对方高出1000多块钱呢！"

销售人员："我理解，价格当然很重要。韩经理，您除了价格以外，买电脑，您还关心什么？"

客户："当然，买品牌电脑我们还很关心服务。"

销售人员："我理解，也就是说服务是您目前最关心的一个问题，对吧？"

客户："对。"

销售人员："您看，就我们的服务而言……您看我们的服务怎么样？"

客户："你们的技术支持工程师什么时候下班？"

（客户还是有些问题，需要解释，这是促成的时机。）

销售人员："一般情况下，晚上11点！"

客户："11点啊。"

（听到客户有些犹豫。）

销售人员："是这样的，考虑到商业客户一般情况下9点钟都休息了，所以才设置为11点的，您认为怎么样？"

客户："还好。"

（客户开始表示认同，这就等于发出了购买信号，这时可以进入促成阶段了。）

销售人员："韩经理，既然您也认可产品的质量，对服务也满意，您看我们的合作是不是就没有什么问题了呢？"

客户："其实吧，我是在考虑买兼容机好一些呢，还是买品牌机好一些，毕竟品牌机太贵了。"

（客户有新的顾虑，这很好，只要表达出来，就可以解决。）

销售人员："当然，我理解韩经理这种出于为公司节省采购成本的想法，这个问题其实又回到我们刚才谈到的服务上。我担心的一个问题是，您买了兼容机回来，万一这些电脑出了问题，您不能得到很好的售后服务保障，到时带给您的可能是更大的麻烦，对吧？"

客户："对呀，这也是我们为什么想选择品牌机的原因。"

（客户认同电话销售人员的想法，这是促成的时机。）

销售人员："对、对、对，我完全赞同韩经理的想法，您看关于我们的合作……"

客户："这事，您还得找采购部人员，最后由他们下单购买。"

销售人员："那没关系，我知道韩经理您的决定还是很重要的，我的理解就是您会考虑使用我们的电脑，只是这件事情还需要我再与采购部人员谈谈，对不对？"

在这个案例中，电话销售人员成功地消除了客户的疑虑，最终取得了成功。

在进行产品介绍和要求订货时，大多数客户总会对产品心存疑虑。他们担心的问题可能是客观存在的，也可能只是心理作用。销售人员应该采取主动的方式，发现客户的疑问，并打消客户的疑虑。

例如，他们说："我还是再考虑考虑。"这只不过是一种推托之语，销售人员追问一句，他们往往会说："如果不好好考虑……"这还是一种婉转的拒绝。怎样才能把他们那种模棱两可的说法变成肯定的决定，这就是销售人员应该完成的事。

当客户说："我再好好考虑……"

销售人员就应表现出一种极其诚恳的态度对他说："你往下说吧，不知是哪方面原因，是有关我们公司方面的吗？"

若客户说："不是，不是。"

那么销售人员马上接下去说："那么，是由于商品质量不高的原因？"

客户又说："也不是。"

这时销售人员再追问："是不是因为付款问题使您感到不满意？"追问到最后，客户大都会说出自己"考虑"的真正原因："说实在话，我考虑的就是你的付款方法问题。"

不断地追问，一直到他说出真正的原因所在。当然，追问也必须讲究一些技巧，而不可顺口答话。例如，销售人员接着他的话说："您说得也有道理，做事总得多考虑一些。"这样一来，生意成功的希望则成为泡影。

第四章　说让人放心的话，促进成交

把客户的利益罗列出来

王先生有这样一次经历：王先生同朋友去南方的一座有名的小镇游览。天公不作美，细雨连绵，王先生等人一边在小商店前避雨，一面观赏秀丽的海边景色。不知是谁发现了小商店前有两位身着当地少数民族服装的男女，仔细一看才知是雕像，头部是空的，游人可以探进头去照相。正当他们为不知照一次相要多少钱而犹豫时，店主人走过来，和蔼地说这雕像是属于他们店的，不收任何费用，请客人随便使用。王先生等人高高兴兴地留了影。这时，店主人手端个茶盘热情地邀请几位来客尝尝当地的青茶，同时，他还绘声绘色地介绍起这种青茶的妙处。

由于主人的殷勤，再加上茶的香味及合理的价格，临走时他们每人都买了一盒茶，这时人们才恍然大悟：这都是该店推销产品的手段，他们抓住顾客好"利"的心理大做文章。

在与客户沟通时，为了让他感觉到自己确实有利可图，你也可向他强调此时是购买"最佳时机"。

看看这位土地开发商别具一格的广告词：你现在所看到的这块尚未开发的土地，就好像是一辆越野吉普车，价格非常便宜，而你所要做的就是给这辆车配个高速胎，改装皮坐椅，换个方向盘，而后就等着它身价倍增吧！这块土地只要装上自来水管和排水道，建好道路，到时可能你还舍不得卖给他人呢！想想看，到时候，这块土地的价值多么惊人啊！因此，现在正是你购买的大好良机！还犹豫什么呢？

这则广告无疑是匠心独具、极富煽动性的，开发商深知人们的"获利"心理而又极自然地将之融合于广告中。有时，为了与客户进行有效沟通，获得销售的成功，你还不妨提供一些"免费的午餐"让客户享用，通常这会起到很好的效果。

因为我们都知道无功不受禄、无劳不受惠是起码的为人原则。因此，有些公司便利用这一点，在生意还未开始做的时候，就先请客户吃顿饭，或者先送一点小礼品给客户，先以人情打动客户，提高买卖成交率。每个精明的卖主都知道，饭菜的好坏对客户都是有影响的，凡是带客户出去吃一顿好饭的卖主都做对了。曾经走红的步鑫生就极有见地，他说，客户大老远来，吃不舒服还有心思做生意吗？物美价廉的好食物、一个美好的晚会以及一些小恩小惠并不是贿赂，提供这些平常的招待，它们的目的只是要使买主更能接受卖主的信号而已。

不过赠送小礼品的推销术只用于增加感情上的交流，一时也许会获得良好的效果，但很快会被他人仿效，因此，必须经常改变方式，交替使用，方可取得良好的效果。

以利诱人并不是说你在对别人推销产品时只笼统地说你的产品会给别人带来多么巨大的利益或是一味地吹嘘自己的产品是如何的物美价廉、质量上乘等，像这样苍白无力的话语在推销桌上是没有分量的。因为即便是一般的人，对这种套语也已经习以为常了，至于精明老到的人更是对之不屑一顾。但是如果你把具体的利益罗列出来，向对方明示，那么效果肯定会不一样了，例如：

"我们的产品采用××国际质量标准，经国家××质量体系认证，被消费者协会推荐为消费者信得过产品。"

"本公司产品售后服务投诉率为零。"

"该产品投入使用后，经测算，一年即可收回全部投资，第二年即可获利 50 万元。"

在你明确了自己的产品将给对方带来的好处和利益后，对方就会更加容易接受你的观点，促进推销达成协议。

先谈价值后说价格，从顾客的买点出发

销售实战告诉我们：价格对顾客而言永远都是偏高的，他们总觉得商家多赚了他们的钱。所以销售的关键是销售员要让顾客觉得商品值这个"价格"。

以下这些常见的销售场景就是我们销售员经常会犯的错误：

顾客："你们的产品听说还不错，就是贵了点。"

［一］

销售员："我们的产品比其他产品要高档、耐用，富贵花园（当地高档住宅）的人很多买我们的品牌，觉得有面子。"

［二］

销售员："电器是用一辈子的，要买就买好的。"

［三］

销售员："我们的产品比别人的口碑都好，这您也知道，贵也贵得实在。"

［四］

销售员："拜托，这样子还嫌贵。"

［五］

销售员："小姐，那您多少钱才肯要呢？"

〔六〕

销售员："打完 9 折下来也就 180 元，已经很便宜了。"

〔七〕

销售员："连我们这里都嫌贵，那你在全中国都买不到。"

〔八〕

销售员："无论我们标价多少，顾客都会觉得贵的啦！"

以上场景中，从顾客的话里可以听出来，顾客的买点是"使用感觉好（感觉不错）＋比较实惠的价格（就是贵了点）"。

第一个场景，显然说明销售员对产品的定位是"使用感觉比较好＋高档产品高端消费"，这正好与顾客的定位相左。也就等于对顾客进行了错误的暗示：这款产品是高端产品，是给大款用的，所以才贵。这怎么能对接到顾客的需求上呢？顾客相反会这样想，那等以后有钱再说吧。

第二个场景相当于告诉顾客正确的价值取向是"买贵的才是好的"。但顾客其实想买的是好而不贵的产品，销售员这样应对就不是要成交，而是要"断交"，根本没和顾客说到一块儿去。

第三个场景还是在"贵"上打转转，并没有从顾客的立场解释这款产品其实并不贵。

第四个场景暗示顾客如果嫌贵就不要买了，有看不起顾客的味道。

第五个场景过早陷入到讨价还价的被动局面，很容易使顾客对商品质量失去信赖，纯粹属于销售员自己主动挑起价格战，使得价格谈判代替商品价值成为决定顾客购买的关键因素。

第六个场景属于销售员主动让步，使自己在后续的价格谈判中失去了回旋的空间。

第七个场景显得太狂妄自大，令顾客感觉很不舒服。

第八个场景抢白顾客，暗示顾客不讲理。

顾客的需求本来是"好用＋实惠"，以上场景中的销售员都没有从这一根本点出发解释"好用 + 实惠"。你不从顾客的买点出发，就没有交易可言了。抱怨产品价格贵，这是多数顾客会说的话，对于这类顾客，销售员与顾客对价格进行反复讨论是最不明智的。销售员不能因为顾客说贵了，就惊慌失措或者生气，而应该采取"先价值后价格"的诡计，通过列举产品的核心优点，在适当的时候与比自己的报价低的产品相比较，列举一些权威专家的评论及公司产品获得的荣誉证书或奖杯等实例，从多方面引导顾客认可"一分钱一分货"的道理，让顾客充分认识到产品能给他带来的价值，消除顾客认为"昂贵"的感觉。

销售人员要告诉顾客一个道理，即买东西其实不一定是越便宜越好，关键是要看是否适合自己。所以销售员可以通过强调商品的卖点，告诉顾客付太多的钱并不明智，但付太少的钱风险更大的道理。付得太多，你只是损失掉一点钱，但如果你付得太少，有时你会损失所有的东西，因为商业平衡的规律告诉我们想付出最少而获得最多几乎不可能。销售员可以如此引导顾客认识，并询问顾客看法。如果对方默认或点头就立即用假设成交法建议顾客成交。所谓假设成交法就是假定顾客已经决定购买，而在细节上面询问顾客或者帮助对方做出决定。使用假设成交法前应该首先询问对方一两个问题，在得到顾客肯定的表示后再使用效果会更好。例如：

销售员："确实，我承认如果单看价格，您有这种感觉很正常。只是我们的价格之所以会稍微高一些的原因是我们在质量上确实做得不错，我想您一定明白买对一样东西胜过买错三样东西的道理，您也一定不希望东西买回去只用几次就不能再使用了，那多浪费呀，您说是吧？我们这个品牌的专用灯具使用寿命长达 8000 小时，是普通白炽灯和灯具的 8 倍。又具有节能功能，能达到白炽灯 60W 的亮度，但是耗电量只需白炽灯的 20%。虽说买时贵，但您用时就便宜啦。我给您算笔账您就清楚了……"

销售员在采用"先价值后价格"的诡计之前，要学会收集和整理一些非常经典的说服辞令，譬如：买对一样东西胜过买错三样东西。有许多顾客往往就是因为受这些非常新颖语句的触动而改变了自己的购买习惯。

在推介产品的过程中，销售人员要把握住产品的品质、工艺与外观等方面的优点，同时采用比较法、拆分法等诡计向顾客友好地解释产品物超所值的原因，设法让顾客了解你产品的价值和认同由此带来的利益，让他们相信产品的价格与价值是相符的。另外，在列举要点的同时，销售人员可引用一些感性的数值，或者做一些辅助性的演示工作，加强销售话术的可信度。

适当地说说商品的缺点

俗话说"家丑不可外扬"，对推销员来说，如果把自己产品的缺点讲给客户，无疑是在给自己的脸上抹黑，连王婆都知道自卖自夸，见多识广的优秀的推销员怎么能不夸自己的产品呢？

其实，宣扬自己产品的优点固然是推销中必不可少的，但这个原则在实际执行中是有一定灵活性的，就是在某些场合下，对某些特定的客户，只讲优点不一定对推销有利。在有些时候，适当地把产品的缺点暴露给客户，是一种策略，一方面可以赢得客户的信任，另一方面也能淡化产品的弱势而强化优势，适当地讲一点自己产品的缺点，不但不会使顾客退却，反而会赢得他的深度信任，从而更乐于购买你的产品。

因为每位客户都知道，世上没有完美的产品，就好像没有完美的人，每一件产品都会有缺点，面对顾客的疑问，要坦诚相告。刻意掩饰，顾客不但不相信你的产品，更不会相信你的为人。

而平庸的推销员奉行一个原则，就是永远讲自己产品的优点，从来不讲自己产品的缺点。他认为，那样自曝家丑，怎能卖出去产品呢？而优秀的推销员就懂得这个道理，他知道在什么时候巧用这个规则可以使推销取得成功。下面就是一个优秀的推销员的例子。

一个不动产推销员，有一次他负责推销K市南区的一块土地，面积有80坪，靠近车站，交通非常方便。但是，由于附近有一座钢材加工厂，铁锤敲打声和大型研磨机的噪音不能不说是个缺点。

尽管如此，他打算向一位住在K市工厂区道路附近，在整天不停的噪声中生活的人推荐这块地皮。原因是其位置、条件、价格都符合这位客人的要求，最重要的一点是他原来长期住在噪音大的地区，已经有了某种抵抗力，他对客人如实地说明情况并带他到现场去观看。

"实际上这块土地比周围其他地方便宜得多，这主要是由于附近工厂的噪音大，如果您对这一点不在意的话，其他如价格、交通条件等都符合您的愿望，买下来还是合算的。"

"您特意提出噪音问题，我原以为这里的噪音大得惊人呢，其实这点噪音对我家来讲不成问题，这是由于我一直住在10吨卡车的发动机不停轰鸣的地方，况且这里一到下午5时噪音就停止了，不像我现在的住处，整天震得门窗咔咔响，我看这里不错。其他不动产商人都是光讲好处，像这种缺点都设法隐瞒起来，而您把缺点讲得一清二楚，我反而放心了。"

不用说，这次交易成功了，那位客人从K市工厂区搬到了K市南区。

优秀的推销员为什么讲出自己产品的缺点反而成功了呢？因为这个缺点是显而易见的，即使你不讲出来，对方也一望即知，而你把它讲出来只会显示你的诚实，而这是推销员身上难得的品质，会使顾客对你增加信任，从而相信你向他推荐的产品的优点也是真的。最重要的是他相信了你的人品，接下来的事那就好办多了。

因此，假如你是汽车推销商，对于那些学历高的客户，在某种程度上既要讲车的优点又要强调它的缺点；对于学历低的人要尽量强调长处；对于那些在某种程度上有独立见解的人，如果光讲长处，说得过于完美，反而会引起他们的疑心，产生完全相反的看法。

有的产品的缺点即使一时看不出来，顾客回去打听也很容易得知，你还不如当时就给他讲清楚。理智型的顾客明白，任何产品都是不可能没有缺点的，你讲出来，他会觉得很正常，他还会觉得其他产品的缺点不过是推销员不告诉他罢了。如果那个缺点不是很明显，无关紧要，而对方又比较懂，那么只会对你的推销有利。

优秀的推销员善于灵活使用这个方法，他会根据商品的不同情况，根据客人的不同情况，清楚地说出商品的缺点和优点，从而取得客户的信任，促成购买。

说话时机不对，行销就会失败

说话不分场合，不懂得说话的时机，这样的销售员注定不会成功。因此销售员最需要注意的一点就是，说话要讲究火候，在适当的时候说适当的话。

销售人员："张经理您好。"

客户："你是哪里？"

销售人员："我是扬润管理控制公司，我们公司的主要业务是为用户提供一整套开源节流的推荐计划。"

客户："你有什么事吗？"

销售人员："我们愿意对你们公司目前的库存状况作一个调查，并告诉你们如何运用我们的'排列控制管理'方法，来盘活你们库存资金的10％。"

客户："哦，是这样。"

销售人员："但是，在您得到这项服务之前，我们要收取 150 元的预付金，可是从给你们带来的效益上来说，可不是用几个 150 元可以计算的。"

客户："你说的这件事目前我们还不感兴趣，再见。"

案例中销售人员在初识的阶段，就提出这类问题："……我们愿意对你们公司目前的库存状况作一个调查，并告诉你们如何用我们的'排列控制管理'方法，盘活你们库存资金的 10%。"这样做是不合适的，会显得很唐突。

为什么说唐突呢？顾客并不了解你们的状况，你们之前也未向顾客送过一份有关该项服务的说明。对于顾客来说，这项服务在感性认识或理性认识上都不存在，那么贸然说这种话会有什么后果呢？会有一种把对方当智力贫乏者对待的嫌疑。因为它让人感觉"你是在说我们的经营管理很差"，或者"你们的经营管理比我们更有效、更节省成本，我应该接受你们指点"。

在火候不到的时候说出这类话，很容易给人以"居高临下"式的感觉，让人听完之后有种受辱感。

把应放在后面说的话，放到了前面来讲，就会出现这种弊端。也就是说，这句话本来应该放在了解客户需求后再讲。

如果非要在这里说，就需要说得圆滑点。比如：

"有许多顾客，他们都愿意花一些时间和精力，用我们提供的'排列方案'整理他们的库存，然后让滞销的存货顺利地运营起来。钱嘛，正像您知道的，如果不发挥作用就没有价值。"

这样说，你觉得比上面那种说法是否好一些？

接着后面的一句话，"但是，在您得到这项服务之前，我们要收取 150 元的预付金，可是我们给您带来的效益，可不是用几个 150 元可以计算的"，就更显唐突了。很多人会认为销售员只不过是为了赚自己的钱而来。

说话不掌握火候，在不恰当的时候说不恰当的话，是导致这次通话最终失败的真正原因。

给顾客讲故事，获取信任

在销售过程中，推销员在强调公司优质服务的时候有许多种常规的方法，无非是展示我们的笑脸、设备、技术、态度等。但是，所有这些展示都停留在描述上，是抽象的。而讲故事传递的东西就多得多。人们对讲故事这种形式并没有特别的防范，他们会在故事中感知推销员意图传递的信息，从而感性地下了订单。我们先看一个案例：

客户："现在最主要的是不了解你们的售后服务如何。"

销售人员："陈先生，您知道在重庆车辆最怕什么吗？"

客户："这倒是一个新鲜的问题，是怕山路多吗？"

销售人员："不是，最怕的是鸽子。鸽子的粪中有一种特殊的生物酸，对车顶有腐蚀作用。这是我们的修车师傅告诉我的。

"有一次，一个客户提新车，刚拿到钥匙准备进车的瞬间，车顶上有一只鸽子飞过。我们的李师傅看到鸽子在空中飞过的时候落下一摊鸽子粪，李师傅眼疾手快，在鸽子粪落到车顶之前用手接住了。我们都看见了，可是客户却没有看见，伸出手来要与李师傅握手。李师傅一鞠躬，另一只手做了一个'请'的姿势，客户进了车，启动车子，开走了。

"后来，李师傅告诉我们，一定要告知客户小心防范头顶的鸽子，如果没有较好的停车位，最好是买一个车罩。所以，我知道在重庆，车辆最怕的不是地上的交通，而是空中的鸽子。"

客户："我就不再考虑了，你给我定一辆吧，外加一个车罩。"

案例中的汽车推销员，她面对客户的挑剔、谨慎，并未采用常规的方法，而是通过给客户讲述修车师傅用手接鸽子粪的故事，向客户传递了自己公司的优质服务理念，让客户深切地感受到自己的利益将会受到最大的保护。讲故事使其赢得了客户的信任，最终获得成交。

客户（很生气）："怎么会有××公司打电话给我，让我去参加抽奖活动，我根本不认识这家公司。是不是我的手机被并机了？"

坐席代表："请放心，先生，一张卡只有一个号码，手机不会被并机的，因为在传输的过程中进行了数字加密。而手机号码前七位是公开的号码段，有些公司会自己去组合一些号码进行拨打，只要能拨通就可以。"

客户：（没有那么生气了，但很怀疑）"那为什么他们连我姓什么都知道？是不是你们告诉他们的……"

坐席代表："请放心，你的资料我们是绝对保密的。你平时有没有留过联系电话和姓氏给别人。"

客户（想了想，犹豫地说）："嗯，没有。"

坐席代表："先生，我之前也曾接到过保险公司打来的电话，向我推销保险，我一接电话他就称呼我的姓，我当时也觉得奇怪，我没有买过保险，也没有给他们留过电话，为什么他们会知道我的资料。后来和这个保险推销员熟了，他才告诉我，他是从商场里一些客户买电器之类产品留下的联系方式上查到的。"

客户："原来是这样，那没有什么了，谢谢！"

案例中这位客户接到他不认识的来电，但对方竟然知道他的姓氏和电话，所以觉得很奇怪，致电上来咨询。接听电话的坐席代表又是如何正确处理这件事的呢？

（1）当客户怀疑手机被并机时，坐席代表先是用肯定的语气回答客户，平息客户的怒气。

（2）客户不知对方如何知道自己的资料时，坐席代表不单是向客户解释公司的保密制度，而且还灵活运用生活中的真实例子来引导客户，从而令客户解除了心中的疑虑。

这就是"故事营销"的另一种用法。如果只是强调公司是不会透露客户的私人资料，或只向客户保证不会这样做，这样的解释说服力不强，客户也会难以接受，适当地用一些有说服力的案例，会让客户更加心服。当遇到类似的情况时，如果能适当应用平常生活中的实例向客户解释，相信会让客户更容易接受和理解。

讲故事的唯一目的就是要获得顾客的信任，这是销售员必须牢记的。通过为客户讲述相关的故事，向客户传递自己的销售意图，让客户深切地感受到自己的利益将会受到最大的保护。在获得客户信任的过程中，最终完成销售工作，这才是"故事营销"的根本要义。

把已成交的顾客"抬"出来

你知道反馈意见的另一个重要意义吗？换句话说就是在推销的时候，告诉他别人也买你的东西。机敏的推销员把它幻化成了一个榜样，搬到了推销谈判桌上。

"××先生，我很高兴您提出了关于××的问题。这是因为我们在××方面作了调整。因为我们的设计师认为，在经过这样的变化之后，更有××作用，虽然××，但它能够在××方面节约您的成本与开支。"

如果客户说："你们的××产品定价太高，我们可负担不了。"这也就是告诉你，"我们的要求其实很低，不需要支付这么昂贵的价格。"发生这种事情时，我们没有必要非得强调我们的价格定得多么合理，这样容易发生口角，伤害与客户之间的感情且又无济于事。你可以换一种方法，用柔和地语气说：

"我能理解您此时的感受，××先生，在××公司工作的B先生给我们寄来了感谢信，他说到我们公司产品的一些优点，如果您需要，我可以给您看一看他给我们的来信。"这时，毕竟客户也处在犹豫不决的时刻，他也希望有成功应用该产品的案例。

人们在购买商品时，常常有模仿他人的举动，推销员都会利用这一点。商场营业员对顾客说："买这种型号电冰箱的人挺多，我们平均每天要销出 50 多台，旺季时还需预订才能买到现货。"

家具厂厂长对采购员介绍本厂市场销售情况："这个月到今天为止，我厂已同 100 多家用户签订了供货合同，他们有来自本地的，也有远道从外省赶来的。瞧！这就是他们的订货合同。"

顾客在购买商品之前，会对商品持有一定的怀疑态度，但对于有人使用并具有相当好评的物品，顾客就比较放心和偏好。推销员有效利用这一点，会大大提高业务效率，因为借助于已成交的一批顾客去吸引潜在顾客，无疑增强了推销论证的说服力，尤其是已成交的顾客是非常知名的人物时，你的说服就更加有力量了。

乔思转行成为一家珠宝店的推销员，有一次，他到北方一个小城去推销玉镯，当时很多人都笑话他，因为那个地方的人终年都穿着长袖，手臂很少外露，所以，那个地方的人并没有戴玉镯的习惯和喜好，人们认为如果到那里去卖玉镯手链这样的装饰品，他的大脑肯定有问题。

刚好当时有一位著名歌手到这个城市演出，他灵机一动，通过关系，送了那位大歌星一对玉镯，唯一的要求就是在她演出的时候，一定要戴上。在演出场上，皓臂玉镯相得益彰，一下子吸引了不少人的兴趣。而且，在演出中，那位明星更换了多套衣服，有长袖也有短袖，但她一直戴着那对玉镯，而无论她穿什么样的衣服，玉镯的光芒总是忽隐忽现地透露出来。

接下来，他的推销工作开始了，事实上，已经开始一大半了，因为他在推销时说："瞧，那晚××歌手演出时戴的就是这对玉镯，相信你戴上也能和她一样美丽动人。"

很快，那座城市掀起了一阵佩戴玉镯的风气，乔思的推销工作自然也获得了巨大成功。

在推销中善用榜样，那种离现实生活不太遥远的榜样更要利用起来，比如顾客认识的人，甚至是他的亲戚、他的邻居。

一位图书公司推销员对客户说："王主任，你认识县商业局的教育科长老李吗？他刚从我这里买去 500 本书，我想你们县物资局跟他们那儿情况差不多，也迫切需要有关市场经营与企业管理方面的书籍，你说是吗？"

一位推销家用小电表的促销员向顾客介绍产品时，总是这样开头的："我看你邻居家安装的就是这种型号的电表，可省电啦！"无论这笔生意是否谈成，但这样的宣传旁证在顾客心目中会留下很深的印象，自然会对推销的产品引起注意。

现实生活中的榜样太多了，你应该多用心去发掘，必要时候就把他们"抬"出来，他们的说服力估计比你直接费唇舌要强得多。

联想口令，令客户无法抗拒

"什么时候"这个词在敲定一笔销售时显得颇具魔力，即使未说出时间也是有用的。如果你的潜在客户想要你的产品，当她的感受性达到顶点时，几乎也就是最佳时间。把她引到时间问题上来，以便达成交易。

假如你正在向一位零售客户推销服装。她喜欢那件衣服却犹豫不决。你说："让我想想，你最迟要在下周日拿到衣服。今天是星期五，我们保证在下周六把货送到。"

你不必问她是否想买，你只是假设她想买，除非有明显的障碍（如没有能力支付），否则你将当场完成销售。

若改变推销方法，问她："你想什么时间拿到这件衣服？"

那么她一定会犹豫不决。由于你有些犹豫，那么你的客户也会犹豫。假如你有胆怯的心理，那么她也会有同感。因此，你必须充满自信，显得积极有力。

一位管理顾问正想租用昂贵的曼哈顿写字楼。租赁代理知道他的经济情况，向他推荐了一套又一套的房间，从未想过她的潜在客户会不租房子，只是在想：哪一套房间最适合我的客户？

在介绍不同的办公室之后，她断定该是成交的时候了。

她把潜在客户带进了一套房间。在那里，他们俯看东江，她问道："你喜欢这江景吗？"

潜在客户说："是的，我很喜欢。"

然后，这位泰然自若的推销人员又把客户带到另一套房间，问他是否喜欢那片天空的美景。

"非常好！"那客户回答。

"那么，您比较喜欢哪一个呢？"

顾客想了想，然后说："还是江景。"

"那太好了，这当然就是您想要的房间了。"推销人员说。

真的，那位潜在客户没有想到拒绝，他租用了能看江景的房间。

自始至终你只须善意地假设顾客会买，然后平静地达成交易。

当承包商赛莫·霍瑞，他那个时代的最伟大的推销人员之一，开始同富兰克林·屋尔斯讨论关于兴建美国的屋尔斯大厦时，他们完全陷入了对立状态。

但劝诱对霍瑞来说就像母亲的乳汁一样。经过另一次毫无收获的拜访（同样的逃避和犹豫），霍瑞略微表现出不满，他站起身来，伸出手说："我来作一个预测，先生，您将会建造世界上最宏伟的大厦，到那时我愿为您效劳。"

他走了。

几个月之后，当大厦开始动工时，屋尔斯对这位高级推销人员说："还记得那天早晨你说的话吗？你说，如果我要建造世界上最宏伟的大厦，你将为我效劳。"

"是的。"

"噢，我一直铭记在心。"

当然，你没有推销上百万美元的大厦，但同样的推销技巧也会对你的产品或服务奏效的。带着与推销屋尔斯大厦同样的假设、同样的自信、同样的安详和信念，你将会达成交易。还在等什么呢？你知道你的潜在顾客一定会买！

第五章　说客户爱听的话，赢得订单

找到客户的喜好并加以肯定

对客户的了解，不能仅限于他的名字、职业等基本资料，为了更好地接近客户，与客户建立良好的关系，必须了解客户的喜好，并巧妙地运用此点，谈客户喜欢的话题，做客户喜欢做的事，这样会让你的推销变得轻松自如。

弗拉达尔电气公司的约瑟夫·韦伯曾到宾夕法尼亚州的一个富饶的荷兰移民地区视察。

"为什么这些人不使用电器呢？"经过一家管理良好的农庄时，他问该区的代表。

"他们一毛不拔，你无法卖给他们任何东西。"那位代表厌恶地回答，"此外，他们对公司火气很大。我试过了，一点儿希望也没有。"

也许真是一点儿希望也没有，但韦伯还是决定尝试一下。他敲开了一家农舍的门，门打开了一条小缝，屈根堡太太探出头来。

一看到那位公司的代表，屈根堡太太立即把门关了起来。韦伯又敲门，她把门打开了一点。这次，她没有立即关门，而是把对公司和推销员的不满一股脑儿地说了出来。

"屈根堡太太，"认真听完她的抱怨，韦伯说，"很抱歉打扰了您，但我们来不是向您推销电器的，我只是要买一些鸡蛋罢了。"

屈根堡太太把门又打大了一点，怀疑地瞧着他们。

"我注意到了您那些可爱的多明尼克鸡，我想买一些鲜蛋。"韦伯说。

门又开大了一点。"你怎么知道我的鸡是多明尼克种？"她好奇地问。

"我自己也养鸡，而我必须承认，我从没见过这么棒的多明尼克鸡。"

"那你为什么不吃自己的鸡蛋呢？"她仍然有点怀疑。

"因为我的来亨鸡下的蛋是白壳蛋。当然，您知道，做蛋糕的时候，白壳蛋是比不上红壳蛋的。"

这时候，屈根堡太太终于放心地走出来，而且温和多了。同时，韦伯的眼睛四处打量，发现这家农舍有一间修得很好看的牛奶棚。

"事实上，屈根堡太太，我敢打赌，您养鸡所赚的钱比您丈夫养乳牛所赚的钱要多。"

这下，她可高兴了！她兴奋地告诉韦伯，她真的比她的丈夫赚的钱多，但她无法使顽固的丈夫承认这一点。

她邀请韦伯他们参观她的鸡棚。参观时，韦伯注意到她装了一些各式各样的小机械，于是他"诚于嘉许，惠于称赞"，介绍了一些饲料和掌握某种温度的方法，并向她请教了几件事。片刻间，他们就高兴地在交流一些经验了。

然后，她告诉韦伯，附近一些邻居在鸡棚里装设了电器，据说效果极好。她征求韦伯的意见，想知道是否真的值得那么干。

两个星期之后，屈根堡太太的那些多明尼克鸡就在电灯的照耀下满足地叫唤了。韦伯推销了电气设备，她得到了更多的鸡蛋，皆大欢喜。

韦伯说："事情的要点在于：如果我不是让她自己说服自己的话，就根本没法把电器设备卖给她！因为像这样的客户，你根本不能对他们推销，而必须使他们切实感觉到需要主动来买。"

从心理学上讲，人们都希望被肯定。如果你能找到客户的喜好并加以肯定，客户的心结就很容易被打开。这是打破客户心墙，让销售成功的关键。这种方法用到客户自己的孩子身上更是如此。

有位第一次去大城市推销的推销员，好不容易找到客户的商店时，客户正忙着招呼客人，他三岁的小儿子独自在地板上玩耍。推销员便陪他的儿子玩耍。小男孩很可爱，他们很快就成了朋友。客户一忙完手中的事，推销员做了自我介绍，但并没有急着推销，只谈他的小儿子。后来，客户就邀请推销员说："看来你真是喜欢我儿子，晚上就来我家参加他的生日晚会吧，我家就在附近。"

这位推销员在街上逛了一圈，就去了他家。大家都很开心，他一直到最后才离开，当然离去时手里多了一笔订单——那是一笔他从未签过的大单。其实他并没有极力推销什么，只不过对客户的小儿子表示了友善而已，就和客户建立了良好的关系，并达到了目的。

真正把客户当成你的朋友，多了解你的客户，从他们的喜好出发关心客户，你就能成为让客户信任的人，销售自然而然就能成功。

谈论客户感兴趣的话题

很多业务员在行销沟通中只是关心他的产品以及他打电话的目的，从不关心客户感觉，这样很难使沟通顺利进行下去。很多经验表明：在沟通中谈论客户感兴趣的话题，客户才会愿意与你继续交谈下去。我们来看这样一个小故事：

在一个小镇上，有一家格调高雅的餐厅。平日生意十分红火，可是餐厅主人发现每到周三，生意总是格外冷清，门可罗雀。

一个周三的傍晚，餐厅主人闲来无事，随便翻阅了当地的电话簿。

他发现当地竟有一个叫克尔·韦恩的人，与美国当时的一位名人同名同姓。

这个偶然的发现，使他灵机一动。

他当即打电话给这位克尔·韦恩，说他的名字是在电话簿中随便抽样选出来的，他可以免费获得该餐厅的双份晚餐，时间是下周三晚上七点，欢迎偕夫人一起来。

克尔·韦恩欣然应邀。

第二天，这家餐厅门口贴出了一幅巨型海报，上面写着："欢迎克尔·韦恩下周三光临本餐厅。"海报一贴出来，马上就引起了当地居民的瞩目与骚动。

到了周三，果然来客大增，而且创造了该餐厅有史以来的最高纪录，大家都争相一睹克尔·韦恩这位名人的风采。

到了晚上七点，餐厅里高音喇叭开始广播："各位女士、各位先生，克尔·韦恩光临本餐厅，让我们一起欢迎他和他的夫人！"霎时，餐厅内鸦雀无声，众人一齐把目光投向大门，谁知那儿竟站着一位典型的肯塔基州老农民，他身旁站着一位同他一样不起眼的夫人。

人们开始一愣，当明白了这是怎么一回事之后，随之便暴发出了热烈的掌声。

客人簇拥着克尔·韦恩夫妇上座，并要求与他们合影留念。

此后，店主人又继续从电话簿上寻找一些与名人同名的人，请他们周三来这里就餐，并贴出海报，告诉众乡亲。

正是因为餐厅老板抓住了客人的心理，采取了"猜猜谁来吃晚餐"、"这次是哪位名人"的方式，让客人能够对此产生浓厚的兴趣，从而给生意清淡的周三带来了喜悦与生机。

充分引起客户的兴趣才能促进成交。需要提醒的是，通常，人们的欲望是可以观察的。比如，他希望你能提供什么服务、他对哪些方面比较感兴趣、什么样的产品能够吸引客户的兴趣，等等。如果你能留心观察这些事项，那么你就能和客户走得更近。

给客户描绘一幅成交的画面

在行销过程中，我们一定要做一个假设成交。因为假设成交会非常有效。在假设成交的过程中，你要做一个对顾客有很大帮助的假设。

"××先生，你平时参加过这样的培训吗？"

"参加过一个'生涯规划'的培训。"

"我们提供的培训可以帮助、指导你未来30年的发展路线，你可以像看电脑的发展趋势一样看到你的收入、你的健康、你的人际关系等方面的发展趋势。假如你可以通过这个课程完全掌控自己的整个人生过程和细节，通过你自己对这个课程的认识和了解，帮助你的生命实现重大的成长和跨越，你有没有兴趣想了解一下？"

"想。"

"××，想象一下，假如今天你参加了这样一个课程，它可以帮助你建立更好的人际关系，帮助你更加清晰地明确一年的目标、五年的目标、十年的目标以及你今后要做的事情，帮助你的家庭和你的孩子，变得更加舒适和安康，你觉得这样好不好？"

"非常好！"

"所以，如果说你还没有尝试，你愿不愿花一点时间尝试一下呢？"

"愿意。"

"如果当你尝试的时候，你发现它确实可用的话，你会不会坚持使用它呢？如果你坚持的话，会不会因为你的坚持而一天比一天更好呢？因为每天进步一点点是进步最快的方法，你说是不是？"

"是的。"

"所以，假如今天你来参加这 3 天的课程，有可能对您和您的家人都有帮助，是吧？"

上述介绍正是用了一套假设成交的方法在沟通。在通话时，如果是以下情况：

"×× 先生，我是 ××。"

"哇，您好。"

"×× 先生您好，好久没有听到您的声音了，上次开课的时候，你每天都坐在我的对面，我看你很有精神。"（开始建立亲和力）

"最近过得怎么样？生活怎么样？有没有烦心的事情？"

"没有。"

"想想看，是不是有一两件事令你烦恼呢？想不想解除烦恼？"

"想解除烦恼。"

"假如想……"

于是就跟客户讲怎么追求快乐，怎么逃离痛苦，他开始被锁定注意力，最后就会参加培训课程。

这就叫"假设成交"。假设成交就是先给客户一幅成交的画面，让他想象在自己身上已经发生了这件事，而这件事给他带来多大好处，不发生有什么坏处。这就是假设成交真正的用处。假设成交的关键是你要为客户创造一幅景象和画面：他已经买了你的产品，会带来什么样的好处和利益。

适当幽默促成功

当销售过程中遇到尴尬、难堪时，销售人员可以用幽默来融洽彼此之间的联系，使场面变得轻松，从而促进彼此之间的合作，进而发展更多的顾客。

销售人员："您好！我是罗森密斯房产公司的销售人员埃罗汉斯特。"

客户："哦——（慢条斯理地）两三天前一个××房产公司的人已经找过我了，我是坚决不会购买的，所以无论你对我说什么都是没有用的，我看你还是去寻找别的客户吧，免得你浪费太多的时间。"

销售人员："真是太感谢您的关心了。不过，假如您在听完我的介绍之后，还是不甚满意的话，我当场跳楼自尽。无论如何，我都请您为我抽出点时间！"

客户："哈哈，你真的要跳楼自尽吗？"

销售人员："不错，就像电影镜头中常见的那样毫不犹豫地跳下去。"

客户："那好！我非要让你跳楼不可。"

销售人员："啊哈！恐怕我要让你失望了，我非要用心介绍，直到你满意不可。"

（然后客户和销售人员不由自主地一起大笑了。）

可见，在销售中，销售人员想要成功，还需要借助幽默的力量。

日本销售大师齐藤竹之助说："什么都可以少，唯独幽默不能少。"这是齐藤竹之助对销售人员的特别要求。许多人觉得幽默好像没有什么大的作用，其实是他们不知道怎么运用幽默。

那种不失时机、意味深长的幽默更是一种使人们身心放松的好方法，因为它能让人感觉舒服，有时候还能缓和紧张的气氛，打破沉默和僵局。

据说，美国300多家大公司的企业主管，参加了一项幽默意见调查。这项调查的结果表明：90%的企业主管相信，幽默在企业界具有相当的价值；60%的企业主管相信，幽默感决定着人的事业成功的程度。这一切说明，幽默对于现代人以及现代人的成功至关重要。因此，在电话销售这种以语言沟通为主的销售过程中，适当的幽默会让客户放下戒心，并能让客户与销售人员之间建立起融洽的沟通氛围。

当然，在销售中，幽默要运用得巧妙、有分寸、有品位。运用幽默语言时要注意：千万不要油腔滑调，否则会让人生厌；说话时要特别注意声调与态度的和谐，是否运用幽默要以对方的品位而定。

此外，在你打算轻松幽默一番之前，最好先分析你的产品和你的顾客，一定要确信不会激怒对方，因为这种幽默对有些人来说根本不起作用，说不定还会适得其反。

赞美顾客，话语里表达出欣赏之情

米开朗琪罗是一位伟大的艺术家，也是一位对人性透彻了解的哲人。早在几千年前他就懂得尽量满足别人的虚荣心，从而实现自己的做法。

米开朗琪罗曾经替当时一位全市显赫的买主雕塑一座巨大的石像。历时几个月后，当石像接近完工时，买主过来一面观看，一面提出了自己的想法。他认为石像的鼻子部分不能让他满意，他希望米开朗琪罗能依照他的想法，考虑看看能否重新修改已经接近完成的石像。

米开朗琪罗的回答十分爽快，他立刻爬上梯子，用锤子在石像的鼻子部分，不停地敲打起来，弄得自己汗流满面。下了梯子后，他来到买主的身旁，仰头看着修改后的石像，用充满惊喜的语气说道："确实，依照您的想法修改完后，感觉好多了！"

米开朗琪罗的这番行动和语言，让挑剔的买主的态度立刻转了180度的弯，转而赞美米开朗琪罗的手艺，称赞能在一会儿的工夫，就能按照客户的想法改变石像的整体感觉，使它更为完美。于是立刻接受了米开朗琪罗的作品，而没有让他几个月的辛苦付诸流水。

喜欢听到赞赏和夸奖之类的话，是人的天性使然，客户自然也不例外。优秀的销售员总能准确地把握客户的这种心理，恰当地赞美客户——甚至可以适当地给客户带上顶高帽，以便在融洽的交谈中寻找机会推销。

另外，人们对于赞扬自己的人，会不由自主地感到亲切，会觉得自己得到了对方的承认，对方对自己是善意的。说到底，人类这种生物，最喜欢的其实还是自己本身，所以当别人赞扬他的时候，忍不住就会飘飘然起来。

有一次，涛涛向一家帐篷制造厂的总经理孙亮推销布匹。孙亮很年轻，对涛涛推销的布匹没兴趣，但是涛涛离开时的一句话却引起了他的兴趣。

涛涛说："孙经理，如果您允许的话，我想继续和您保持联络，我深信您前程远大。"

"前程远大？何以见得？"听口气，好像是怀疑涛涛在讨好他。

"几周前，我看了您在精英论坛上的演讲视频，那是我听过的最好的演讲。这不是我一个人的感受，很多人都这么说的。"

听了这番话，孙亮竟有点喜形于色了。涛涛向他请教如何学会当众演讲，他的话匣子就打开了。

接下来，涛涛开始将他的"诡计"往商品上靠了。他不动声色地说："我在前几天的报纸上看到现在有很多年轻人喜欢野外活动，而且经常露宿荒野，用的就是贵厂生产的帐篷，不知道是不是真的？"

听到这话，孙亮更加兴奋了："没错，过去两年里我们的产品非常走俏，而且都被年轻人用来作野外游玩使用，因为我们的产品质量很好，结实耐用……"

孙亮饶有兴致地讲了大概20分钟，而涛涛则怀着极大的兴趣听着。当他的话暂告一个段落时，涛涛巧妙地将话题引入他要推销的布匹上。这次，孙亮向涛涛询问了一些细节，并查看了布匹样品的质量之后，愉快地在合约上签了自己的名字。

场景中的销售员涛涛就是利用了年轻经理心高气傲的心理特点，通过夸赞赢得了对方的信任。之后，涛涛又引入了能让孙亮感兴趣的隐性赞美，进一步拉近了客户与商品的距离。

哈佛心理学家威廉·詹姆斯说："人类最基本的相同点，就是渴望被别人欣赏和成为重要人物。"

作为一名销售人员，更要学会赞美和欣赏自己的客户，真诚地给客户以赞美，并针对客户的优势适当地请教客户问题，多加肯定。掌握赞美和请教的技巧，让客户喜欢你、相信你、接受你，从而购买你的商品。

当对方的行为得到你真心实意的赞许时，他看到的是，别人对自己努力的认同和肯定，从而使自己渴望别人赞许的动机在荣誉感和成就感接踵而来时得到满足，从而在心理上得到强化和鼓舞，养精蓄锐，更有力地发挥自身的主观能动性，向着自己的目标冲击。

当你面对客户时，不妨多说几句赞美、感谢的话，留下一些友善的小小火花。你将无法想象，这些小小的火花如何点燃起对方接纳你的热情火焰，这些火焰必将照亮你推销的前程。

请教，让自己当当学生

林达是一名汽车推销员，近日来，他曾多次拜访一位负责公司采购的陈总，在向陈总介绍了公司的汽车性能及售后服务等优势以后，陈总虽表示认同，但一直没有明确地表态，林达也拿不准客户到底想要什么样的车。久攻不下，林达决定改变策略。

林达："陈总，我已经拜访您好多次了，可以说您已经非常了解本公司汽车的性能，也满意本公司的售后服务，而且汽车的价格也非常合理，我知道陈总是销售界的前辈，我在您面前销售东西实在压力很大。我今天来，不是向您销售汽车的，而是请陈总本着爱护晚辈的胸怀指点一下，我哪些地方做得不好，让我能在日后的工作中加以改善。"

陈总："你做得很不错，人也很勤快，对汽车的性能了解得也非常清楚，看你这么诚恳，我就给你透个底儿：这一次我们要替公司的10位经理换车，当然所换的车一定比他们现在的车子要更高级一些，以激励他们的士气，但价钱不能比现在的贵，否则短期内我宁可不换。"

林达："陈总，您不愧是一位好老板，购车也以激励士气为出发点，今天真是又学到了新的东西。陈总，我给您推荐的车是由德国装配直接进口的，成本偏高，因此，价格不得不反映成本，但是我们公司月底将进口成本较低的同级车，如果陈总一次购买10部，我一定能说服公司尽可能地达到您的预算目标。"

陈总："喔！贵公司如果有这种车，倒替我解决了换车的难题了！"

月底，陈总与林达签署了购车合同。

在销售中，推销员只有掌握了客户的内心真实想法，才能成功签单。而怎样了解客户，就是一门学问了。这个案例中推销员林达运用了请教的策略，赢得了客户的好感，结果就成功地掌握了客户的真正需求。

在案例中我们可以看到，林达之所以久攻不下，原因就在于他没有了解客户的真正需求是什么，当他自己意识到这个问题后，改变了一贯采用的策略，转而放低姿态，把客户称为"销售界的前辈"，说"在您面前销售东西实在压力很大"，继而向客户请教"我今天来，不是向您销售汽车的，而是请陈总本着爱护晚辈的胸怀指点一下，我哪些地方做得不好，让我能在日后的工作中加以改善"。

我们知道，请教是师生关系的体现，老师这个称呼表达了人们内心向往的荣誉感。如果有机会让与你谈话的人有老师的感觉，那么距离就近了很多。

回到这个案例中，我们会发现，当林达以请教的姿态要求陈总给予指点后，陈总的态度发生了很大改变，由此，林达才真正了解了客户想要什么样的车，于是根据客户的要求推荐本公司的车，客户也有了一个明朗的态度，并最终购买了林达公司的车。

可见，在销售中，当你还不十分了解客户时，不妨主动当当学生。

说话时满足顾客的虚荣心

你有没有发现，人们总是喜欢与有名气的亲戚和朋友套近乎；办什么事都喜欢讲排场、摆阔气，即使身上没钱，也要打肿脸充胖子；热衷于时尚服装饰物，对时尚的流行产品比较敏感；不懂装懂，害怕别人说自己无知；当受到别人的表扬和夸赞时，沾沾自喜，洋洋得意，自我感觉良好……在现实生活中，这样的人和事为什么如此常见？

虚荣之心，人皆有之，唯一的不同，便是程度的高低。

每个人都有虚荣心，爱慕虚荣是一种非常普遍的心理现象。从心理学的角度分析，人们爱面子、好虚荣其实都是一种深层的心理需求的反应。因为在社会生活中，人们不仅要满足基本的生存需求，更要满足各种心理上的需求。尤其是随着社会的发展，物质生活得到很大的满足以后，人们更需要的是精神上的满足，比如得到别人的尊重和认可、关心和爱护，得到赞美，在交往中体现自身的价值等。虚荣心就是为了得到这些心理满足而产生的。

我们所说的虚荣的人往往是虚荣心比较强的那一部分人。在消费中，有些客户的虚荣心理也会表现得非常明显。虽然家庭经济条件不是很宽裕，但是在购买商品时也要选择比较高档的，在销售员面前要尽量表现得很富有，不许别人说自己没钱、买不起，如果别人对其表示出轻视的态度，其自尊心就会受到很大伤害等，这样的现象很多。

小肖是一家时装店的店员。这天，一位打扮雍容华贵的女士走进店里，在店里转了两圈后，在高档套装区停了下来。小肖连忙走过来招呼她，礼貌地介绍："小姐，这套服装既时尚又高雅，如果穿在您这样有气质的女士身上，会让您更加高贵优雅。"女士点点头，表示同意。小肖见她很高兴，对这套衣服也比较满意，便又说道："这套衣服质量非常好，相对来说，价格也比较便宜，其他的服装要贵一些，但是又不见得适合你，你觉得怎么样，可以定下来的话我马上给您包起来？"

小肖心想：质量很好，价格又便宜，她肯定会马上购买。但是该女士的反应却出乎预料，听完小肖的话之后，那位女士立刻变了脸色，把衣服丢给小肖就要走，实在忍不过又回头对小肖说："什么叫做这件便宜？什么又是贵一点的不适合我？你当我没钱买不起是不是？告诉你，我有的是钱，真是岂有此理，太瞧不起人了，走了，不买了！"尽管小肖不住地道歉，那位女士依然很生气地离开了。好好的一笔生意，被她后来加的一句话给搞砸了。

我们当然能看出，那位女士之所以那么气愤，是因为她比较爱慕虚荣，害怕别人说自己没钱，害怕被别人看不起，对"便宜"这个词比较敏感。一般而言，客户购买商品往往会追求实惠和便宜，我们普遍认为"物美价廉"是很多客户的最佳选择。但对于一些虚荣心较强的人来说，如果销售人员向他们传达商品便宜、实惠的信息，会无意中刺伤他们，反而让他们拒绝购买。所以，推销商品时，绝对不能伤害他们的面子，最好绕开"便宜"这类词语。

其实，不仅是虚荣心强的顾客虚荣、爱面子，这是大部分人的心理，我们在做销售时要懂得在说话时顾及别人的感受，满足别人的自信心，试想一下，如果有人对你说："这笔交易只有您这样优秀的人才能胜任。""这么高端的商品也只有您这样身份的人才配得上。"这样的话语时，你是不是内心一阵澎湃……客户的自尊心开始作祟，不知不觉就会促进你的成功。

重复对方的话，成就你的事

有一个故事说，曾经有一个小国派使者到中国来，进贡了三个一模一样的小金人，其工艺精良，造型栩栩如生，真把皇帝高兴坏了。可是这个小国有点儿不厚道，派来的使者出了一道题目：这三个小金人哪个最有价值？如果答案正确，才可以留下三个小金人。

皇帝想了许多的办法，请了全国有名的珠宝匠来检查，但都无法分辨。

最后，一位退位的老大臣说他有办法。

皇帝将使者请到大殿，老大臣胸有成竹地拿着三根稻草，插入第一个金人的耳朵里，这稻草从另一只耳朵出来了；插入第二个金人的耳朵里，稻草从嘴巴里直接掉了出来；而第三个金人，稻草进去后掉进了肚子，什么响动也没有。

老大臣说："第三个金人最有价值！"

使者默默无语，答案正确。

有的话别人听了只当耳边风，一只耳朵进，另一只耳朵出；有的话别人听了只是当了一个传声筒，从耳朵听进去，从嘴巴传出来，并没有听到心里去。这两种情况都是做无用功。要想说的话有价值，就必须把话说到对方的心坎上，这样说的话就没有浪费，把话听到心里去的人也得到了价值。

推销也是这样，那么怎样才能把话说到对方心坎上去呢？

那就是说客户想听的话。

可是，现实中有一个问题就是：销售员往往喜欢说自己想说的话，例如，公司、产品、自己认为自己的产品与众不同之处、自己认为自己的产品能给客户带来的利益等，但客户不想听这些，尤其是在第一次拜访中就说这些是令人极其讨厌的。所以销售员在推销之前，就要考虑自己要说的话客户是否喜欢听，不然即使打电话也只是浪费时间和金钱。所以，销售员要学会把自己的每一句话都说到对方的心坎上去。

恰当重复客户语言，不失为一种把话说到对方心坎上的好方法。重复客户说的话，是让客户感觉销售员与他站在同一个立场上，这是拉近关系很好的方式。

当客户说："现在企业很难找到敬业的员工。"时，销售员在听到这句话之后应该说："不错，现在敬业的员工的确太难找了。"以表示赞同。

另外，你也可以说一些表示赞美与理解的话，让对方高兴。例如，你可以这样赞美他："您的声音真的非常好听！""听您说话，我就知道您是这方面的专家。""公司有您这种领导，真是太荣幸了。"

也可以说一些话，对他表示理解和尊重，你可以说："您说的话很有道理，我非常理解您。""如果我是您，我一定与您的想法一样。""谢谢您听我谈了这么多。"

这些话无疑都是说到了对方的心坎上，让对方觉得受用、中听。说不定欣喜之余就会决定与你合作。

中 篇

善听：真正的销售高手
并不是"铁齿铜牙"

第六章 说得越多，成交的机会越小

一味地推销就会把自己推到

在推销活动中，大多数推销人员总是喜欢自己说个不停，希望自己主导谈话，而且还希望顾客能够舒舒服服地坐在那里，被动地聆听，以了解自己的观点。但问题是，客户心里往往很排斥这种说教式的叙述，更不用说对推销员及产品会有好感了。

无论哪种形式的推销，为了实现其最终目标，在推销伊始，推销人员都需要进行试探性地询问与仔细聆听，以便顾客有积极参与推销或购买过程的机会。当然最重要的还是，要尽可能有针对性地提问，以便使自己听到更多，进而更好地了解顾客的观点或者想法，而非一味地表达自己的观点。

我们来看一下这位家具推销员与顾客琳达之间的对话，你可以从中得到启发。

推销员："我们先谈谈你的生意，好吗？你那天在电话里跟我说，你想买坚固且价钱合理的家具。不过，我不清楚你想要的是哪些款式，你代理销售的对象是哪些人，能否多谈谈你的构想？"

琳达："你大概知道，这附近的年轻人很多，他们喜欢往组合式家具连锁店跑。不过，在111号公路附近也住了许多退休老人，我妈妈就住在那里。一年前她想买家具，可是组合式家具对她而言太花哨了，她虽有固定的收入，但也买不起那种高级家具。以她的预算想买款式好的家具，还真是困难。她告诉我，许多朋友都有同样的困扰，这其实一点也不奇怪。我做了一些调查，发现妈妈的话很对，所以我决心开店，顾客就锁定这群人。"

推销员："我明白了，你认为家具结实耐用，是高龄客户最重要的考虑因素，是吧？"

琳达："对，我也许会买一张300元沙发，一两年之后再换新款式。但我的客户生长的年代与我们有别，他们希望用品常葆如新，像我的祖母吧，她把家具盖上塑胶布，一用就30年。我明白这种价廉物美的需求有点强人所难，但是我想，一定有厂商生产这类的家具。"

推销员："那当然。我想再问你一个问题，你所谓的价钱不高是多少？你认为主顾愿意花多少钱买一张沙发？"

琳达："我可能没把话说清楚。我不打算进便宜货，不过我也不会采购一堆路易十四世的鸳鸯椅。我认为顾客只要确定东西能够长期使用，他们能接受的价位应该在450元到600元左右。"

推销员："太好了，琳达，康福一定帮得上忙，我花几分钟跟你谈两件事：第一，我们的家具有高雅系列，不论外型与品质，一定能符合你客户的需要，至于你提到的价钱，也绝对没问题；第二，我倒想多谈谈我们的永久防污处理，此方法能让沙发不沾尘垢，你看如何？"

琳达："没问题。"

这位推销员在与客户琳达交淡的过程中，通过针对性地提问了解到客户的需求，并清楚、准确地向顾客介绍了自己的产品，让顾客确切地了解自己推销的产品如何满足他们的各种需要。因此，推销员详细地向顾客提问，尽可能找出顾客需要的、产品完全符合顾客的各种信息，这是必不可少的。

推销，有时候说的越多，成交的机会反而会更少。简单的提问，然后聆听顾客的回答，就会捕捉到有用的信息，更好地促进签单。所以，在给客户介绍自己的产品时，不要一味地推销，否则就会把自己推到河里去，一沉到底。

说的太多，就会招致反感

每一个人都具有强烈的自我主张和表现欲。所以当我们高谈阔论时，比做一个静默的听众来得愉快。因此如果有一个人很专注、诚恳地听我们说话时，我们必如获知音，不由得对他产生好感。

"你说的对极了！"

"有机会我一定再来请教。"

"谢谢你！你的一番话使我获益匪浅，让我度过了一个既愉快又有意义的夜晚！"

如果有人对你说这些话，你将会有何感想？西谚云："不为任何言语所惑之人，也必为迷惑自己之言者所惑。"这句话可谓道尽了人类这种奇妙无比的心理。

若问推销的秘诀为何？

那就是：倾听客人说话。

所有高明的推销员，都躬身践行这个原则而获得了丰硕的成果。百货店的柜台小姐亦同，当客人有所批评或抗议时，与其费尽唇舌说明解释，不如静静地听客人诉说，即使再严重的抗议，我们只要谨守静听的原则，对方就会觉得满足。不是你口若悬河地说，而是尽量让对方说。

"对这件事你的看法呢？"

"你想应该怎么做才好？"

当我们如此请教别人时，不仅表示我们承认他的价值，让他有被重视的感觉，同时也满足他喜求表现的欲望。因此他心里必然十分愉快，对这件事情也就兴趣盎然了。

一个善言却不顾他人兴趣、感觉之人，往往被人敬而远之，因为他们独占了话题，剥夺了他人说话的权利和喜悦。

我们分析一下便可发觉，一般人日常的谈话，大多不离和自己有关的事情，例如，遇到了一件什么事情，有如何的感受，等等。一个人对于诉说自己的事情是最有兴趣，也最感愉快的，可是我们不能忘记，别人也同样地喜欢诉说有关他们自己的事情。

所以，任何一个人都觉得别人的话无多大趣味，也认为没有什么意义。如果一个人滔滔不绝地诉说自己的事情时，很容易招致别人的反感，大家在心里会认为："这个人真是目中无人。"

这句话说得真不错。光会说关于自己的事的人，是不经大脑思考的人。我们该陶醉在自说自话，而招致他人轻视，还是应选择听别人说话而获得别人的感激呢？这似乎是不必多加考虑的。

有效的、目标明确的倾听能够让你在心里清楚顾客正在买什么或希望买什么，而不是你在尽力推销什么。有了这种知识的储备，你会发现推销变得容易得多。

康福公司是一家地区性的沙发工厂，假设你是其中的销售员，你跟琳达家具店有约，他们新开张没多久，连陈列室也还没装潢好。所以你想，生意上门了。

可是，如果一个不小心，你可能会唱出这样的独角戏：

你："琳达，谢谢你给我机会介绍我们的产品。"

琳达："欢迎你来。"

你："容我介绍康福的最新系统产品——安逸。你也知道，现在顾客比较喜欢颜色亮一点的家具，老旧的款式已经不流行了。为了符合消费者的需求，我们的'安逸'系列正式问世。顾客想要的任何颜色——

深红、紫色、黄色、亮粉红色等，应有尽有。而且，我们为零售商提供顾客订制的家具。你的顾客要粉红底座沙发，可以；要粉红椅垫，没问题。经由我们的方案，你可以让顾客设计自己的沙发，订制不另加价，两天交货，价钱嘛，标准型只要 350 元，很不错吧？"

琳达："嗯，那么……"

你："我的解说很清楚了吧？还有什么你想知道的吗？"

琳达："你说得很清楚。只不过，嗯……我想年轻人会很喜欢你们的东西，可是你知道，这附近有不少退休老人公寓，我打算把我的目标顾客锁定在比较年长、有固定收入的人，进货也以典雅、价钱合理的款式为主。"

听到这儿，你也只能"噢"一声！

最后，你只好跟琳达握手道别。康福其实也生产古典高雅的家具，但在大力吹嘘"安逸"系列后，你等于已经失去客户了，此时再回头谈康福古典家具，为时已晚。

推销人员身上最大的问题，就是说得太多，初次与客户见面，应保持一种聆听的心境。仔细聆听，适时点头和微笑，可以无形中鼓励对方继续表达他的思想。香港推销大王冯两努认为，我们必须依着一个原则，多听少说。我们虽有两只耳朵，却只有一张嘴巴，所以听与说的比例，也是以此为准。聆听，可以融入对方的思绪，凡是业务高手绝对是懂得聆听的人。

引导话题，多问少说占主动

你要懂得在与客户沟通时，倾听是重要的前提，要完善地解决问题，必须问问别人需要的"是什么"。有句谚语："明智的提问比明智的回答更为困难。"提问的意义在于作为一个引子，打开客户的思路，以利于沟通进行。

林雨的公司经营的产品是一款影印机，他正和另一家出版机构的公司经理有一个会面机会，他决心把公司的新型影印机销售给这家出版社。新型影印机不光能快速影印，而且分页及校对功能也很快。

在见面之前，林雨先把销售这一款影印机的原因归纳为：①它有丰富的利润可图；②它让他在销售竞赛中获得更多的点数；③在他的销售领域范围内还没有一台这样功能强大的影印机，他相信如果能卖给这家出版社一台，那将是一个创举。

当林雨自远途开车来到客户的停车场时，车后只有唯一的一台影印机。他认为不需要其他的型号，因为这就是他要卖给他们的型号。他已经下了决心：要让出版社购买它。

他不仅把这台机器束好绳带，还准备了一个印有精美产品介绍的小册子，并精心准备好了"台词"。他想，我要对此负起责任，我要这么做。

会面一开始，林雨就说："陈先生，您好。你们要的影印机不是像其他的影印机一样只是影印，不是吗？您想要一台在影印同时能将纸张分页及分类的影印机，不是吗？"

公司经理陈先生摇头说："不，我们这里从不需要分类。我们的附属公司有一个完备的印刷工厂，那里所有工作都可以做，包括你说的那些，而我这里所需要的只是一台有高品质影印功能，又能简易操作的影印机。"

就这样，林雨的推销以失败告终。仔细分析一下，你将发现林雨做了那么多准备，唯一没有准备的就是问问客户需要什么，正是因为没有问别人的需要而导致了他的失败。

在与客户沟通时，你必须把你们的话题引到客户的实际需求上，若想要尝试引导话题，提出策略性问题是有帮助的。你所提出的问题可以从四方面协助你谈成生意：

（1）借由提出问题，可以让客户在一问一答之际参与你的产品说明过程，一旦他参与其中，要撒手就比较困难。

（2）所提出的问题可以帮助客户评估你的商品或服务的价值。

（3）发问能证明你对客户的生意确实感兴趣，这样也更能拉近你们彼此之间的距离。

（4）发问可以帮你找出客户的真正需求。

一个高明的推销家，往往最善于提问题。向推销对象提问的方法很多，因为问题有许多功效，也有多种表达的方法。

提问题有很多不同的方法，而在沟通过程中正确的提问方法主要有以下几种：

1．直接提问法

如果你的客户态度冷漠，对什么事都不感兴趣，或是犹豫不决，直接询问是最合适的了。比方说，当你问客户喜欢蓝的还是红的，他只能回答蓝的、红的或者都不喜欢。如果回答都不喜欢，那就再问为什么，并设法排除就行了。

2．迂回曲折法

如果想要对方表达自己的意见时，最好应用非直接问句。不过使用间接的方法提问时，对方的答复可能会偏题。

3．引申法

通过引申法提问，可以促使对方思考原因。

比如你可以问对方："这个主意你是怎么想到的？"或者问，"你能考虑这样的条件吗？"

4．探询法

这样的问法能获得最多的信息。你可以这样问：

"你最近有机会看我们的新产品吗？"

"你觉得这么说公道吗？"

"我们作了一个调查，你想了解结果吗？"

"你知道我们指派了一位设计专家跟你们的工程师一道工作吗？"

5．施加压力法

这最好作为收尾的问题，它们促使对方做出决定，以结束推销。

"你要还是不要？"

"你要哪一种？红的还是蓝的？"

"你想要订购多少？"

6．诱导法

诱导性问句就是企图通过连续的问题，根据发问者的逻辑，引诱对方回答。诱导性问题会引对方落入陷阱，因为发问者只想知道他够不够诚实。

"我这个价钱是不是最优惠的？大概不是？那谁拿到了？为什么？你们老板恐怕不是这么说的吧？对不对？"

"你的价目里包括研究费用了吗？有多少？比例合适吗？你既然说这种产品不需要做研究，为什么里面又有这项费用？"

作为一个推销者，在与客户沟通的过程中只答不问是一件非常危险的事，因为只有在刑事审讯中作为罪犯才受到类似的待遇。推销主要是双方在言语上的较量，多提问、少回答更容易占据上风、占据主动。而提问也需要技巧，一个推销高手，同时也是一个提问高手。掌握提问的技巧，你才能成为一个合格的推销者。

聆听，捕捉客户的购买信号

有利的成交机会，往往稍纵即逝，虽然短暂，但并非无迹可寻。客户有了购买欲望时往往会发出一些购买信号，有时这种信号是下意识地发出的，客户自己也许并没有强烈地感觉到或不愿意承认自己已经被你说服，但他的语言或行为会告诉你可以和他做买卖了。

在沟通中，当客户有心购买时，我们从他的语言中就可以得到判定。

下面的例子是销售员小张向客户推荐整体解决方案时的一个案例，我们来看一下小张是怎样在语言中捕捉到客户购买信号的：

客户："好极了，看起来正是我们想要的整体解决方案。"

小张："这套方案的确非常适合你们。"

客户："如果一旦发生了问题，你们真的会随时上门维修吗？"

小张："当然，只要打一个电话。"

客户："以前我们总是担心着供应商的服务，但现在我放心了。"

小张："我们的服务堪称一流，拥有行业内最大的售后服务队伍。"

客户："这个我也知道了，而且价格也很合理。"

小张："您放心吧，我们已经给出了最低的价格，还是找总经理特批的呢！"

客户："（沉默了一会儿）我们能签合同吗？"

小张："（松了一口气）太好了，我早准备好了。"

从这个案例中我们可以看到客户通过自己的语言向小张发出了购买信号，明确表明了自己对这个方案的兴趣和认同，同时，小张听出了这一点，也把握住了时机，适时与此客户签订合同，获得了成功。那么客户会怎样向我们传达他们的购买信号呢？下面为大家列举了客户会发出购买信号的情况：

（1）当客户对某一点表现出浓厚的兴趣时，客户发出的购买信号为："能谈谈你们的产品是怎样降低成本的吗？""你们的产品优势在哪里？""能重新说一下吗？我再认真思考一下。"

（2）当客户很关心产品或服务的细节时，客户发出的购买信号为："这个产品的价格是多少？有折扣吗？""产品的质量怎样？""你们产品的保修期是多久？多长时间可以包换？""什么时候能交货？""如果我认为不满意，那怎么办呢？""不知道能否达到我的要求？""让我仔细考虑一下吧！""你们以前都服务过哪些公司呢？""有礼品赠送吗？"

（3）当客户不断认同你的看法时，客户发出的购买信号为："对，你说得不错，我们的确需要这方面的改善。""对，我同意你的观点。""我也这么想。""听我们××分公司的经理说，你们的课程确实不错。"

（4）当客户保持沉默时。有时，当你和对方沟通了几次后，关于产品或服务的很多细节都探讨过了。这时，你可以提一些问题，如："您还有哪些方面不太清楚呢？""关于我们公司的专业能力方面您还有什么不放心的地方吗？"如果这时客户保持沉默，没有直接回答你的问题，这其实也是一个很好的促成机会，你应该果断出手。

（5）在回答或解决客户的一个异议后，客户发出的购买信号为："你的回答我很满意，但我觉得我还是需要考虑一下。""在这方面我基本上对贵公司有了初步的了解。""哦！原来是这样的，我明白了。"

在沟通中，准确地把握时机是相当重要的。如果客户没有发出购买信号，说明你的工作还没做到位，还应该进一步刺激而不宜过早地提出交易。

达成交易的时机在很大程度上取决于客户的态度。如果客户的态度变化趋向于积极的方面，往往就会发出一些购买信号。我们要善于捕捉客户的购买信号，从而完成销售工作。

在倾听与询问中把握住顾客

王芳："周先生，您穿多大码的西装？"

周先生："……"

王芳："周先生，想必您一定知道，以您的身材想挑一件合身的衣服，恐怕不容易，起码衣服的腰围就要做一些修改。请问您所穿的西装都是在哪儿买的？"

周先生："这几年，我所穿西服都是向××洋服买的。"

王芳："××洋服的信誉不错。"

周先生："我很喜欢这家公司。但是，正像您说的，我实在很难抽出时间挑选适合我穿的衣服。"

王芳："其实，许多人都有这种烦恼。要挑选一套自己喜欢，适合自己身材的衣服比较难。再说，逛商店去挑选衣服也是件累人的事。本公司有4000多种布料和式样供您选择。我会根据您的喜好，挑出几种料子供您选择。"

王芳："您穿的衣服都是以什么价钱买的？"

周先生："一般都是2500元左右。您卖的西服多少钱？"

王芳："从1500到4000元都有。这其中有您所希望的价位。"

周先生："不错，价位的选择余地还是挺大的。"

王芳："更重要的是，我们能给客户带来许多方便。他们不出门就能买到所需的衣服。我一年访问客户两次，了解他们有什么需要或困难。客户也可以随时找到我。"

周先生："我最喜欢具有良好服务的厂商。但现在这种有良好服务的厂商越来越少了。"

王芳："提到服务，本公司有一套很好的服务计划。假如您的衣服有了破损等情形，您只要打电话，我们立即上门服务。"

周先生："是啊，我有一件海蓝色西装，是几年前买的，我很喜欢，但现在搁在家里一直没有穿。因为近几年我的体重逐年减轻，这套西装穿起来就有点肥。我想把这套西装修改得小一点。"

王芳："周先生，我希望您给我业务上的支持。我将提供您需要的一切服务。我希望在生意上跟您保持长久的往来，永远为您服务。"

周先生："什么时候你们能把样品送来让我看看？"

王芳："您对衣服是否还有其他的偏爱？"

周先生："我有许多西装都是××洋服出品的，我也喜欢×××出品的西服。"

王芳："×××的衣服不错。周先生，以您目前的商业地位来说，海蓝色西装很适合您穿。您有几套海蓝色的西装？"

周先生："只有一套，就是先前向您提过的那一套。"

王芳："周先生，谈谈您的灰色西装吧。您有几套灰色西装？"

周先生："我有一套，很少穿。"

王芳："您还有其他西装吗？"

周先生："没有了。"

王芳："我现在就拿一些样品送去给您看。如果您想到还有没提到的西装，请立即告诉我。"

要通过问题来发现客户的真正需求，并在询问过程中积极倾听，让客户尽量发表真实的想法。有些销售人员一见到客户就滔滔不绝地说个不停，让客户完全失去了表达意见的机会，这种做法往往使客户感到厌烦。

询问在专业销售技巧上扮演重要的角色，你不但可以利用询问技巧来获取所需的信息并确认客户的需求，而且能主导客户谈话的主题。询问是最重要的沟通手段之一，它能使客户因自由表达意见而产生参与感。

需要提醒的是，与"询问"同样重要的是"倾听"。除了要善于提问，你还得搭配运用倾听技巧，如此，你才可能真正接近客户。倾听和询问是正确掌握客户需求的重要途径，若你无法善用这两项技巧，你的销售将是乏味与盲目的。

谁能打开客户购买决策的黑箱子，谁就能最有效地进行销售。倾听与询问是打开客户内心黑箱子的两把钥匙。在本案例中，销售员王芳每问完一个问题，总是以专注的态度倾听客户的回答。这种做法可以使客户有一种被尊重的感觉。许多销售人员常常忘记这一点，要知道，倾听是确保沟通有效的重要手段。如果在客户面前滔滔不绝，完全不在意客户的反应，你很可能会失去发现客户需求的机会。

另外，为了发现客户的需求，究竟应该花费多少时间来向客户提问呢？这通常要看销售的是什么商品。通常，商品的价值越大所需的时间越长，反之则越短。

专心倾听，别打断对方的讲话

经常有人在客户表达自己观点的时候，显得有些急不可耐，急于讲出自己心中所想的，因而往往打断客户。打断客户，不仅会让客户的感情受到伤害，更重要的是，可能会忽略掉客户要讲的重要信息，造成不利影响。

一位营销人员与客户正在通话，客户说："我还有一个问题，我听人家讲……"这时，这个营销人员心里不知有多紧张，因为最近他们的产品确实出了些问题，已经有不少客户来电话投诉，他想这个客户也要问这个问题，所以，他就打断客户："我知道了，你是指我们产品最近的质量问题吧，我告诉你……"这个客户很奇怪："不是啊，我是想问怎么付款才好。怎么？你们产品最近有问题吗？你说说看……"结果，客户取消了订单。

每个人在讲话的过程中都不希望被别人打断或插话。既然是聆听客户的心声，就不要轻易地打断他们的发言。如果有没听清楚的地方，也应当礼貌委婉地提出来，而且不应当耽误太多时间。耐心聆听，不仅让客户有一种被尊重的感觉，而且还会给他们留下良好的印象，这都有利于进一步沟通。

某个电话公司曾碰到过一个暴躁的客户，这位客户对电话公司的有关工作人员破口大骂，怒火中烧，威胁要拆毁电话。他拒绝付某种电信费用，说那是不公正的，而且写信给报社，向消费者协会提出申诉，到处告电话公司的状。

电话公司为了解决这一麻烦，派了一位最善于倾听的"调解员"去见这位难缠的人。这位调解员静静地听着那位暴怒的客户大声地"申诉"，并对其表示同情，让他把不满的情绪尽情地全都发泄出来。3个小时过去了，调解员非常耐心地静听着他的牢骚，此后，还两次上门继续倾听他的不满和抱怨。

当调解员第四次上门去倾听他的牢骚时，那位顾客已经完全平息了怒火，而且把这位调解员当作好朋友一样看待了。最后，这位暴躁的客户终于变得通情达理，付清了所有该付的费用，还撤销了向有关部门的申诉。

调解员没有打断顾客的牢骚发泄，友善地疏导了暴怒顾客的不满，不但解决了矛盾，而且成为顾客的朋友。

与客户通话的时候，工作人员只需要肯定、重复他的话，做好记录，让他保持更大的兴趣说更多的话，这样才能够听出客户的需求，听出客户现在的困难。千万不要在客户津津有味地说话时打断他，这样客户会认为他说的话对方不感兴趣；另外，这也是一种不礼貌的表现。所以如果在交流中，工作人员有什么好的建议，一定要等客户说完之后，再委婉地提出。

总之，在与客户的沟通中，你要向潜在客户表明你在认真地听他讲话，你希望他就有关问题进一步澄清，或是希望得到更多的有关信息，这些表现很重要。可以不时地用"嗯、哦"来表达你的共鸣，这些做法虽然简单，但确实可以表明你对潜在客户的讲话是感兴趣的，从而能鼓励潜在客户继续讲下去。

边听，边引导客户说

销售员往往都是能说会道巧舌如簧的演说高手，为了在有限的时间内尽可能全面地介绍自己产品的信息，他往往习惯于喋喋不休地对客户进行诱导和劝服，介绍他产品如何好，服务如何周到等等——直到客户扬长而去。很多时候，销售员甚至还不知道他客户为什么会拒绝，还觉得自己说得很好。

他们总是不断向客户灌输自己的思想和意见，强制对方接受他们所认为好的东西。其实，很多时候，我们自顾着自说自话，却忘了倾听客户的想法。

心理学认为，在与人沟通的过程中，表达往往是以自我为中心，是重视自己的感觉；而倾听则是以对方为中心，是对他人的重视和尊重。因此，这二者所带来的效果是完全不同的。

很多时候，销售员就是在自说自话中丧失了顾客。总是以自我为中心的销售员，容易忽略客户的心境和想法，不给客户表达的机会，夸夸其谈，喧宾夺主，必然引起客户的反感与厌恶。

成功的销售员懂得学会聆听客户说话，认真地听，有兴致地听，并积极地迎合地听，听懂客户的话，从而弄明白客户的心理，找准客户心理的突破口，有的放矢，最终顺利地实现交易。

销售员不仅要学会聆听，还应该引导客户说，鼓励客户多说自己的事情，这才是聆听的真正秘诀所在。谈论他最感兴趣的话题是通往其内心最好的捷径。因为这样，销售员才能从聆听中获得对销售最有用的信息，了解到客户的真实想法和内心需求，找到销售的突破口，最终让客户获得最满意的商品或者服务。

尼森服装店的店长沃特便是懂得通过倾听来化解与客户在销售过程中遇到的难题的优秀的推销员。

某天，格林先生从尼森服装店买了一套衣服，但没穿几天便发现衣服会掉色，把他的衬衣领子染成了黄色。他拿着这件衣服来到商店，找到卖这件衣服的售货员，想说说事情的经过，可售货员根本不听他的陈述，只顾自己发表意见，使他在失望之余又加了一层愤怒。

"我们卖了几千套这样的衣服，"售货员说，"从来没有出过任何问题，您是第一位，您想要干什么？"当他们吵得正凶的时候，另一个售货员走了过来，说："所有深色礼服开始穿的时候都多多少少有掉色的问题，这一点办法都没有。特别是这种价钱的衣服。"

"我气得差点跳起来，"格林先生后来回忆这件事的时候说，"第一个售货员怀疑我是否诚实，第二个售货员说我买的是便宜货，这能不让人生气吗？最气人的还是她们根本不愿意听我说，动不动就打断我的话。我不是无理取闹，只是想了解一下怎么回事，她们却以为我是上门找茬儿的。我准备对她们说：'你们把这件衣服收下，随便扔到什么地方，让它见鬼去吧。'"这时，店长沃特走过来了。

沃特一句话也没有讲。而是听格林先生把话讲完，了解了衣服的问题和他的态度。这样，她就对格林先生的诉求做到了心中有数。之后，沃特向格林先生表示道歉，说这样的衣服有些特性她们没有及时告诉顾客，并请求格林先生把这件衣服再穿一个星期，如果还掉色，她负责退货。当然，对被染过色的衬衣，她送给了格林先生一件新的。

据一项权威的调查，在最优秀的销售员中，有高达75％的人在心理测验中被定义成内向的人，他们行事低调、为人随和，能够以客户为中心。他们十分愿意了解客户的想法和感觉，喜欢坐下来听客户的谈话，他们对听话的兴趣往往比自我表述更大，而这些正是他们赢得客户的秘诀。

　　所以说，成功的销售员一定是懂得倾听的销售员。其实，真诚的倾听不仅仅是对客户应有的尊重，也是一种策略。我们在聆听客户说话的过程中，可以通过他的语言分析他的心理、他的顾虑，通过客户说话的语气、语调来判断其心理的变化，从细微处了解客户的消费习惯与个性，了解客户对我们的产品和服务的满意的和不满意的地方，因此便能够有针对性地说服顾客，最终达成让对方满意的交易。

第七章　管住嘴，有些话说出来就丢单

客户抱怨时，多听少争

"赢得一场争辩，就等于丢了一件生意！"这是销售人员需要时刻牢记心中的，因为到现在为止，还没有听说过那位销售人员因为与客户"吵嘴"取胜而促成生意的例子。

永远不要跟客户争辩，这是一个简单的真理。一旦商品或服务的供应者把自己置于可能与客户产生争议的处境，他的"游戏"就该结束了。对于这一点，任何有过销售经验的人都不会有异议。但是，要真正做到"不与客户争辩"这一点还是有点难度的。

当一名怒气冲冲的客户冲到你面前，因为某些与你无关的原因而大发雷霆、抱怨不迭时，尽管理智告诉你保持冷静，但你还是免不了要委屈，火气上窜，开始同客户辩论起来、据理力争。这是很自然的行为，也是很不明智的行为。

下面是一个客户为我们讲述的真实故事。

前几天，苏木到麦当劳就餐，像往常一样点了麦香鸡汉堡和苹果派，她接过苹果派后吃了一口就停住不吃了。因为她吃到的是菠萝派，而她点的是苹果派。于是，她来到柜台前，看见刚才接待她的员工正在招呼其他客户，她找了另一位服务小姐说明了情况，另一位服务小姐二话没

说转过身去给她拿苹果派。就在这个时候,刚才接待苏木的员工发现了这个问题。

"对不起,小姐,你刚才点的的确是菠萝派,我记得非常清楚……"她的话还没有说完,刚才那位服务员已经把苹果派递到了苏木手中。这时第一位服务小姐仍有礼貌地转向苏木:"对不起,小姐,是我们弄错了,祝你在麦当劳用餐愉快。"之后,苏木回到自己的餐桌上享用午餐,猛然想起自己刚才的确点的是菠萝派,因为苹果派有些吃腻了,她临时改变的主意,这时,她感到有些后悔,并在内心升起一股对第一位服务小姐的感激之情。

虽然故事发生在服务业,但是故事的意义是相通的,第一位服务小姐迅速把客户的注意力从点错了菜品的不愉快转移到寻找解决问题的途径上去;相反的,如果她同客户争执分辩,使客户不愉快,对问题的解决就会很不利。

有一项研究表明:当客户对一家的商品不满时,4%的客户会说出来,而剩下的96%的客户会选择默然离去,结果就是这96%的客户将永远也不会再光顾这家商店,而且还会分别把不满至少传递给8-12人听,向他们宣传此家商店的商品质量和服务质量是如何的糟糕。这8-12人中有20%还会转述给他们的朋友听。如果商店能及时处理而又能让客户满意的话,有82-95%的客户还会到这里来购物,从中我们可以看出处理好客户的抱怨是多么重要,所以我们要好好对待这4%的客户,让他们把不满、抱怨都说出来,以帮助我们改善工作:

1. 耐心倾听,弄清楚客户为什么会有异议和抱怨

客户听销售人员介绍后,往往会提出一些疑问、质询或异议。这是因为:

客户事先获知一些不能确认的消息;

客户对销售人员不信任;

客户对自己不自信；

客户的期望没有得到满足；

客户不够满意；

销售人员没有提供足够的信息；

客户有诚意购买。

销售人员在消除客户不满时，第一步就是要学会倾听，即聆听客户的不满。聆听客户的不满时，须遵循多听少说的原则。我们一定要冷静地让客户把其心里想说的牢骚话都说完，同时用"是""的确如此"等语言及点头的方式表示理解，并尽量了解其中的原因，这样一来就不会发生冲突。

2．解答疑问和处理异议的一些方式

（1）保持礼貌、面带微笑；

（2）持有积极态度；

（3）热情自信；

（4）表情平静、训练有素；

（5）态度认真、专注。

值得注意的是，处理客户抱怨时不要拖延，因为时间拖得越久越会激发客户的愤怒，而客户的想法也将变得偏激而不易解决。所以，销售人员在处理客户抱怨时，不能找借口说今天忙明天再说，到了明天又拖到后天，正确的做法是立即处理，这种积极的态度会让客户明显感觉到诚意，并能大大安抚客户的情绪，换来客户对自己的理解。

不管客户如何批评我们，销售人员永远不要与客户争辩，因为，争辩不是说服客户的好方法，正如一位哲人所说："你无法凭争辩说服一个人喜欢啤酒。"与客户争辩，失败的永远是销售人员。一句销售行话是："占争论的便宜越多，吃销售的亏越大。"

倾听时，辅以一些询问

通过询问，推销员可以引导客户的谈话，同时取得更确切的信息，支持其产品的销售。

绝大多数的人都喜欢"说"而不喜欢"听"，他们往往认为只有"说"才能够说服客户购买，但是事实是：客户的需求期望都只能由"听"来获得。试问，如果推销员不了解客户的期望，他又怎么能够达成签单的期望？

对于推销员来说，倾听是必须的，但是倾听并不是无原则的。倾听的同时还必须辅之以一定的询问，这种询问的目的就是为了使交易迅速达成。询问时必须使听者有这样一种强烈的印象，该推销员是信心百倍而且认真诚恳的。

推销时可以提一些只能用"是"或"不是"回答的问题，这样的回答是明确的、不容置疑的。

"您会说英语吗？"

"你参观花展了吗？"

"贵公司是否有工会？"

这种提问一般都充当对话过程中一系列问题的一部分，虽并不能引发对方详尽的回答，但却对分辨和排除那些次要的内容很有帮助。这样就可进一步询问了。

卖方："你们是否出口美国？"

买方："没有。"

卖方："贵公司对出口美国是否感兴趣？"

买方："是。"

卖方："我们可以……"

有时候，也可以使用一些别有用心的肯定式提问。

这种提问能对回答起引导作用。提问的人一开始就先把对方恭维、吹捧一番，然后在此基础上再提问，对方如果不小心，意志不坚定，就很难摆脱这种事先设计的圈套。

"董事长先生，您有多年从事这种工作的经验，一定同意这是最妥善的安排，是吧？"

"李先生，您是这些人当中最上镜的，一定愿意出镜，对吗？"

下功夫掌握和运用这些提问技巧，会令你受益无穷。运用这种技巧可以使交谈按照你所设计的方案顺利进行。下面引用一家针织品公司与顾客的对话。

推销员："王先生，您好，我是天诗针织品有限公司的孙明，您要购买针织服装吗？"

买方："是的。"

推销员："您要买男士针织服装吗？"

买方："是的。"

推销员："您要针织外衣和运动装吗？"

买方："要。但现在我们还有些存货……"

如果你用下面这个提问方式，就少了很多小步骤。

推销员："王先生，您好，我是天诗针织品有限公司的孙明，您需要购买哪类针织服装呢？"

除了要注意提问的方式，还要注意提问时的语气等。

首先要注意音高与语调。低沉的声音庄重严肃，一般会让客户认真地对待。尖利的或粗暴刺耳的声音给人的印象是反应过火，行为失控。推销员的声音是不宜尖利或粗暴的。

还要注意语速。急缓适度的语速能吸引住客户的注意力，使人易于吸收信息。如果语速过慢，声音听起来就会阴郁悲哀，客户就会转而做其他的事情；如果语速过快，客户就会无暇吸收说话的内容，同样影响接收效果。推销员在和客户的沟通过程中，最忌讳的是说话吞吞吐吐，犹豫不决，听者往往会不由自主地变得十分担忧和坐立不安。

最后还要善于运用强调。推销员在交谈过程中应该适当地改变重音，以便能够强调某些重要词语。如果一段介绍没有平仄，没有重音，客户往往就无法把握推销员说话的内容，同时强调也不宜过多，太多的强调会让人变得晕头转向、不知所云。

满足不了客户时，不妨拒绝一下

一次，一家公司的推销员在跟一个大客户推销，突然这位客户要求看该公司的成本分析数字，但这些数字属于公司的绝密资料，是不能给外人看的。但是如果不给这位客人看，势必会影响两家和气，甚至会失掉这位大买主。

这位推销员一下子僵在那儿，他支吾了半天，说："那，那好吧！……可是，这样不行……"

客户看到他犹豫不决的样子，以为他毫无诚意，结果拂袖而去。

推销员最终失去了这个大客户。

其实，很多时候，客户提出了过分的要求或者你满足不了客户所要求的服务时，你应该及时予以拒绝。当然，拒绝别人的请求，否定对方的意见，需要一定的技巧：既要使对方接受你的意见，又不伤害对方的自尊心。

有的人在推销中不肯轻易对客户说"不"，因为怕伤了对方的感情，而导致推销失败。尤其对那些急于从推销中获得一点什么的推销者来说，说"是"都来不及，哪里有说"不"的勇气！但是这样往往会适得其反。

因为被推销者一旦发觉你不敢说"不"，马上就会勇气百倍、信心十足，甚至得寸进尺。

怎样拒绝既能不违背你的原则、不损害公司利益，又能让客户接受呢？下面的几种技巧可以一试。

1．用委婉的口气拒绝

拒绝客户，不要咄咄逼人，有时可以采用委婉的语气拒绝他，这样才不至于使双方都很尴尬。总之，对客户不合理的要求予以拒绝实际上是对客户的一种负责，因为企业不可能长期对客户提供额外、不合理的服务。企业应该把有限的资源和精力放在自己应做的事情上。

2．用同情的口气拒绝

最难拒绝的人是那些只向你暗示和唉声叹气的人。但是，你若必须拒绝，用同情的口气效果可能会好一些。

3．用恭维的口气拒绝

拒绝的最好做法是先恭维对方。例如当顾客提出一些不合理的要求时，你感到直接拒绝会影响生意，就可以使用恭维的口气，先称赞对方一番，再拒绝他的不合理要求。这样就不会让对方觉得不快，也不会伤害他的自尊。

4．用商量的口气拒绝

如果你的顾客抱怨商品价格太高，想打个折扣，而公司是不允许这样做的时候，你可以这样说："太对不起了，我们现在没有商品打折的活动，等以后有这方面的活动，我一定会在第一时间通知你，好吗？"这句话要比直接拒绝好得多。

当然，拒绝的方法还有很多种，比如用沉默表示"不"，用拖延表示"不"，等等。但无论如何，你要选择好适当的时机表示拒绝。

一位律师曾经帮助一名房地产商人进行出租大楼的谈判，由于他知道在何时说"不"，以及怎样恰当地说"不"，从而取得了不俗的效果。

当时有两家实力雄厚的大公司对这座大楼都表示出了浓厚的兴趣，两家公司都希望将公司迁到地理位置较好、内外装修豪华的地方。

律师思考一番后，先给 A 公司的经理打电话说："经理先生，我的委托人经过考虑之后，决定不做这次租赁生意了，希望我们下次合作愉快。"然后，他给 B 公司的老板打了同样的电话。

两家公司的老板都很纳闷，于是当天下午，他们几乎同时来到房地产公司，一番讨价还价之后，A、B 两家公司以原准备租用 8 层的价码分别租用了 4 层。很显然，房地产公司的净收入增加了一倍，相应的，律师的报酬也增加了一倍。

这也告诉我们，只要在恰当的时间说"不"，就更有可能在成交之际让客户说"是"。

推销本身就充满了机遇与挑战，在渠道沟通中，正如一位推销专家说的："推销是满足双方参与彼此需要的合作而利己的过程。在这个过程中，由于每个人的需要不同，因而会呈现出不同的行为表现。虽然我们每个人都希望双方能在谈判桌上配合默契，你一言，我一语，顺利结束推销，但是推销时双方利益冲突居多，彼此不满意的情况时有发生，因此，对于对方提出的不合理条件，就要拒绝它。"

时机未到时就得保持沉默

哲学家说：沉默是一种成熟；思想家说：沉默是一种美德；教育家说：沉默是一种智慧；艺术家说：沉默是一种魅力。我们知道，在人际交往当中，沉默是一种难得的心理素质和可贵的处世之道。当然，任何事情又不是绝对的。

心理学告诉我们，在不同的场合环境中，人们对他人的话语有不同的感受、理解，并表现出不同的心理承受力。正因为受特殊场合心理的制约，有些话在某些特定环境中说比较好，但有些话说出来就未必佳。同样的一句话，在此说与在彼说的效果就不一样。因此，说什么，怎么说，一定要顾及说话的环境。如果环境不相宜，时机未到，最好的办法是保持沉默。

日本公司同美国公司正进行一场贸易谈判。谈判一开始，美方代表滔滔不绝地向日商介绍情况，而日方代表则一言不发，埋头记录。美方代表讲完后，征求日方代表的意见。日方代表恍若大梦初醒一般，说道："我们完全不明白，请允许我们回去研究一下。"于是，第一轮会谈结束。

几星期后，日本公司换了另一个代表团，谈判桌上日本新的代表团申明自己不了解情况。美方代表没有办法，只好再次给他们介绍了一遍。谁知，讲完后日本代表的态度仍然不明朗，仍是要求道："我们完全不明白，请允许我们回去研究一下。"于是，第二轮会谈又告休会。

过了几个星期后，日本再派代表团，在谈判桌上故伎重演。唯一不同的是，这次，他们告诉美方代表一旦有讨论结果立即通知美方。

一晃半年过去，美方没有接到通知，认为日方缺乏诚意。就在此事几乎不了了之之际，日本人突然派了一个由董事长亲率的代表团飞抵美国开始谈判，抛出最后方案，以迅雷不及掩耳之势逼迫美方谈判全部细节，使人措手不及。

最后，谈判成的协议明显有利于日方。这场谈判能成功的关键在于一句俗话"会说的不如会听的"。听出门道再开口，而开口便伤对方"元气"，不是很高明吗？

在生活中，我们有时故作"迟钝"未必不是聪明人，"迟钝"的背后隐藏着过人的精明。有人推崇一种"大智若愚"型的艺术——意即在商业活动中多听、少说甚至不说，显示出一种"迟钝"。其实这样做的目的是为了获得最大的利益。少开口不做无谓的争论，对方就无法了解你的真实想法；相反，你可以探测对方动机，逐步掌握主动权。

这时候的沉默，实际是"火力侦察"。

"话到嘴边留半句，不可全抛一片心。""言多必失，语多伤人""君子三缄其口"的古训，把缄口不言奉作练达的安身处世之道。今天，我们亦应谨记这些古训，该沉默时一定要三缄其口。沉默，是一种态度；沉默，是一种特殊语言；沉默，也会赢得百万金。

避开死穴，恶语伤人六月寒

俗话说："良言一句三冬暖，恶语伤人六月寒。"与客户打交道得时刻关注哪里是"死穴"。

许多不成功的谈判、销售，都可归因于沟通的失败。无论是公司的销售人员、客服人员，抑或是经销商，都应注意在与客户沟通中避免出现以下十句话：

（1）"这种问题连小孩子都知道。"

这句话最常出现在客户不了解商品特性或者针对商品用途做出询问时。因为这句话容易引起客户的反感，认为我们在拐弯抹角地嘲笑他，因此，一定要特别注意。

（2）"一分钱，一分货。"

当你讲出这句话时，通常客户会有"是不是嫌我看起来寒酸，只配买个廉价品"这种感觉出现。因为说这句话的时机通常是客户认为价钱太高的时候，所以，不免使客户产生这种想法。

（3）"不可能，绝不可能有这种事发生！"

一般公司通常对自己的商品或服务都是充满信心的，因此，在客户提出抱怨时，客服人员开始都会以这句话来回答，其实客服人员说出这句话时，已经严重地伤害到客户的心理了。因为这句话代表客户提出的抱怨都是"谎言"，因此，客户必然产生很大的反感。

（4）"这种问题你去问厂商，我们只负责销售。"

商品固然是厂商制造，而不是经销商制造的，但是经销商引进商品销售，就应该对商品本身的质量、特性有所了解。因此，以这句不负责任的话来搪塞、敷衍客户，则代表经销商不讲信用。

（5）"这个……我不太清楚……"

当客户提出问题时，若销售代表的回答是"不知道""不清楚"，表示这个企业、公司、商铺没有责任感。正确的做法应是热情、礼貌接待，即使我们并不会解答，也可请专人来答疑。

（6）"我绝对没有说过那种话！"

当客户认为经销商曾经做出保证却没有履行，因而提出质询时，若是经销商说出"我绝对没说过那种话"，则解决抱怨的沟通必然成为永远无法相交的平行线。因为，经销商不愿意承担责任。其实，商场上没有"绝对"这个词存在，这个词有硬把自己的主张加在消费者身上的语气存在，所以最好不要使用。

（7）"我不会。"

"不会""没办法""不行"这些否定的话语，表示企业无法满足客户的希望与要求，因此，尽量不要使用。

（8）"这是本公司的规定。"

其实公司的规章制度通常是为了提高员工的工作效率而订立的，并不是为了要监督客户的行为或者限制客户的自由。因此，即使客户不知情而违反店规，店员仍然不可以用责难的态度对待。否则，不但无法解决问题，反而会加深误会。

（9）"总是有办法的。"

这一句暧昧的话语通常会惹出更大的问题。因为"船到桥头自然直"这种不负责任的态度，对于急着想要解决问题的客户而言，实在是令人扼腕、顿足的话。当客户提出问题时，表示他正在期待供应商能想出办法圆满地帮他解决。如果这时候听到这种回答，客户的心里一定会感到非常失望。

（10）"改天我再和你联络。"

这也是一句极端不负责任的话。当客户提出的问题需要一点时间来解决时，最好的回答应该是"三天后一定帮你办好"或者"下个星期三以前我一定和您联络"。因为确定在几天后可以办成的说法，代表我们有自信帮客户解决问题。

别成为客户耳边聒噪的乌鸦

一说起推销员，许多人的第一印象就是"滔滔不绝的口才"，那么，推销员这种"滔滔不绝"真的能为他们带来业绩吗？

在美国，曾有科学家对一批保险推销员进行过研究。因为这批推销员受过同样的培训，业绩却差异很大。科学家取其中业绩最好的10%和最差的10%作对照，研究他们每次推销时自己开口讲多长时间的话。

研究结果很有意思：业绩最差的那一部分，每次推销时说的话累计为30分钟；业绩最好的部分，每次累计只有12分钟。

为什么只说12分钟的推销员业绩反而高呢？

我们先来看一个案例：

有一位汽车推销员，口才极佳，他向某商人推销汽车时，先是把自己公司的车吹嘘得多么好，多么适合商人的风格，然后从发动机的性能到家庭的实用性，从它的解装到所有一系列设备，用专业术语把商人说得云里雾里的，商人听完只是冷冷地说："对不起，我不需要。"好在这位推销员没有放弃，费了九牛二虎之力才终于让商人买了一辆车。

过后不久，又一位推销员到商人处去推销汽车。一见面，照例先递上名片："我是某某汽车推销员，我……"刚说几个字，就被这位商人以十分严厉的口吻打断，并开始抱怨先前买车过程中的种种不悦，包括报价不实、内装及配备不对、交车等待过久、服务态度不佳等等，结果这位新入行的推销员被他吓得一句话也不敢说，只是谦恭地听他抱怨。

这位商人把之前所有的怨气一股脑儿吐完，稍微喘息了一下，才发觉这个推销员好像不是以前的那位，于是便有点不好意思地对他说："年轻人，你贵姓啊，现在有没有好一点的车种，拿份目录来看看吧！"30分钟后，这个推销员欢天喜地地握着两台车子的订单离开了。

第一位推销员口才不可谓不好，却费了九牛二虎之力才拿下一台车子的订单，而第二位推销员基本没说什么话，却轻松地签下两台车子的订单，其中原因，商人的抱怨基本上已说明了问题：第一位推销员极佳的口才在商人看来却像一只聒噪的乌鸦，不但丝毫没有说明问题，而且让客户感到被说教，进而产生反感，影响推销效果；后一位推销员没有为自己辩解，更没有与客户争吵，而是用自己的谦恭与沉默换得客户的认同，面对这么老实而有诚意的推销员，感觉受到尊重的客户当然对他大开绿灯。

看来，对于推销员来说，"口才"固然是成功的一项资本，但千万不要因此忽略了客户的心理感受和反应，不然，这种无视客户的行为只能为其带来失望的结果。

频繁的"你懂吗"招人烦

一名销售人员到顾客家推销有机蔬菜，顾客本来抱着"希望明天更健康"的心态用心倾听，但这位销售人员说话实在没技巧。"他大概每讲三句话，就会夹杂一句'你懂吗'。一次两次还无所谓，一个小时听下来，真的让人心情很不好。"

有些朋友可能觉得，人家好心好意问你听懂了吗有什么不对？我们先来看看那位有机食品销售人员当时是怎么说的：

"你懂吗？我们平常吃的一般包心菜，里面农药根本洗不掉，对健康真的很有危害。而有机蔬菜的好处，就是不会有农药残留的危险。你懂吗？加上全程使用天然有机肥，植物自然吸收，维生素含量更高，你懂吗？还有……"

可见，在销售人员的人际关系字典里，应该把"你懂吗"列于"强势句"的范围，就是指，当你自觉在谈话内容上比对方更专业、懂更多时，比较常用到的词句。

除了"你懂吗"，还有很多语言表达同样会让顾客感觉到销售人员的强势，如果同一次谈话中用太多次，容易让顾客心生反感，例如：

你要知道……："你要知道，这种事不是你说了算。"

我不是告诉过你……："我不是之前就告诉过你这样行不通！"

根本不需要……："你根本不需要这样做，有更好的方法。"

你以为……："你以为我为什么会这样说？还不是为你好！"

销售人员在使用这些句子时，语气常会不自觉加强，给顾客压迫感，所以在销售过程中，这些话都要尽量避免使用。

想想看，当你对人说"你懂吗"的时候，是不是表示你觉得对方可能需要一些解释？对方也许真的不懂，但你的强势语气，会让人觉得你在强迫推销，反而使对方接受度降低，如果对方其实也懂，还会让人觉得你看不起他，才需要不停地确定他到底懂不懂。

对话间偶尔穿插一两句"你懂吗"还无可厚非，如果变成口头禅似的再三重复，顾客听了不耐烦是其次，这三个字里所夹带的"教育"意味，恐怕会让你的推销成功毫无指望。

第八章　倾听，才能打开话匣子

用耳朵代替嘴，把说话的机会让给顾客

韦恩是罗宾见到的最受欢迎的人士之一。他总能受到邀请，经常有人请他参加聚会，共进午餐，担任客座发言人，打高尔夫球或网球。

一天晚上，罗宾碰巧到一个朋友家参加一次小型社交活动。他发现韦恩和一个漂亮女士坐在一个角落里。出于好奇，罗宾远远地注意了一段时间。罗宾发现那位年轻女士一直在说，而韦恩好像一句话也没说。他只是有时笑一笑，点一点头，仅此而已。几小时后，他们起身，谢过男女主人，走了。

第二天，罗宾见到韦恩时禁不住问道："昨天晚上我在斯旺森家看见你和最迷人的女孩在一起。她好像完全被你吸引住了。你怎么抓住她的注意力的？"

"很简单。"韦恩说，"斯旺森太太把乔安介绍给我，我只对她说：'你的皮肤晒得真漂亮，在冬季也这么漂亮，是怎么做的？你去哪呢？阿卡普尔科还是夏威夷？'"

"'夏威夷。'她说，'夏威夷永远都风景如画。'"

"'你能把一切都告诉我吗？'我说。"

"'当然。'她回答。我们就找了个安静的角落，接下去的两个

小时她一直在谈夏威夷。"

"今天早晨乔安打电话给我，说她很喜欢我陪她。她说很想再见到我，因为我是最有意思的谈伴。但说实话，我整个晚上没说几句话。"

看出韦恩受欢迎的秘诀了吗？很简单，韦恩只是让乔安谈自己。他对每个人都这样——对他人说："请告诉我这一切。"这足以让一般人激动好几个小时。人们喜欢韦恩就因为他注意他们。

假如你也想让大家都喜欢，那么就尊重别人，让对方认为自己是个重要的人物，满足他的成就感，而最好的办法就是谈论他感兴趣的话题。千万不要喋喋不休地谈自己，而要让对方谈他的兴趣、他的事业、他的高尔夫积分、他的成功、他的孩子、他的爱好和他的旅行，等等。

让他人谈自己时，一心一意地倾听，要有耐心，要抱有一种开阔的心胸，还要表现出你的真诚，那么无论走到哪里，你都会大受欢迎。

著名推销员乔·吉拉德说过这样一句话："上帝为何给我们两个耳朵一张嘴？我想，意思就是让我们多听少说！倾听，你倾听得越长久，对方就会越接近你。"

这个世界过于烦躁，每一个人都没有耐心听别人说些什么，所有的人都在等着诉说。

再也没有比拥有一个忠实的听众更令人愉快的事情了。对于倾听者来说，在人际交往中，多听少说，善于倾听别人讲话是一种很高雅的素养。因为认真倾听别人的讲话，表现了对说话者的尊重，人们往往会把忠实的听众视作完全可以信赖的知己。对于推销员而言，积极地倾听客户的谈论，有助于了解和发现有价值的信息。

有效倾听，才会丝毫无损

倾听是谈判者所能做出的最省钱的让步方式。如果你认真倾听对方的谈话，对方会认为你很有礼貌，觉得你对他很尊重，因而，谈及交易条件的时候，也就会顺利得多。其实倾听在解决日常生活中的一些问题时也是非常有效的。

世界最著名的影剧记者伊撒克·马卡逊曾明确指出，世上许多人之所以不能留给人良好的印象，正是因为他们不能耐心地做一个很好的听众。他说："人们只关心自己接下来要说的话，所以根本不肯耐心地去听人家把话说完……多数大人物都曾告诉过我，他们喜欢的是肯耐心听话的人，而不是那些争着要发表意见的人。而听人说话这门艺术，却非一蹴可及，真正懂得它的人，是非常少的。"

那么如何才能使倾听成为丝毫无损的让步妙招呢？

1．制造说话的气氛

自认为不会说话的人很多，自认为会听话的人也很多，这实在是很矛盾，因为说话和听话两者之间有着相当密切的关系。自认为会听话的人越多，相对地，会说话的人也应当会越多才对。不会说话的人越多，也一定会产生很多的不会听话的人。

说话者的表达会受到听者态度的影响。如果感到"和他好难说话""很难向他表达"时，那表示听话的对方听的态度有问题。

成功学的大师们曾做过一个试验，让几个人聆听一个人说话，对于说话者的前半话题他们频频微笑点头示意，到了后半时，不是低下头就是打呵欠，或者交头接耳等等，前后态度整个改变了。根据调查结果显示，说到后半时，说话者乱了调子。这只是个试验，事实上，在真正的场合里，听者是造成说话者说话混乱的主因。

下面是一些不好的听话态度：闭目养神；无动于衷；咧嘴傻笑；不管讲得好坏，都非常满意；认为听讲是施给说话者的恩惠；急躁不安，两眼直瞪着说话者；心不在焉；一副不以为然的表情。这些听讲的态度，会惹恼说话者，并使他最后丧失自信，再也不敢说话了。

在倾听时，可以充分地提供足以刺激说话者思考的问题——询问会使对方心门闭锁，但揭示型的问题会使话题活泼。

选择适合说话的场合——场合如太严肃，对方会郑重其事，相反地，如果太嘈杂，又会分散注意力。如有第三者存在，就是想说话也说不出来了。

在倾听时应放松心情——听者若全身紧张，马上会传染给说话者。

2．仔细地倾听

当自己说话时，看到对方"嗯！嗯！"频频点头地倾听着，心里会很高兴，有一种被了解的满足感。谚语说，善于听别人说话的人能言善道。为了要让自己说话，首先必须学会仔细听别人说话。相反地，不仔细聆听对方的谈话内容，就无法了解对方话里的含义，这样一来犯错的可能性就会增加。哥伦比亚大学校长尼古拉斯·墨瑞·巴德勒说过这样一段精彩的话："如果你想让人讨厌你，在背后说你坏话，甚至严重地鄙视你，最简单的方法就是：永远别听他人的倾诉，滔滔不绝地扯你自己的事，时时伺机打断别人的话，改由自己来发表。"

这位校长告诉我们的是，如果你希望自己变成一个很好的谈话对象，千万可别忘了，一定要先从一个好的听众做起。任何时候，都要问对方乐于回答的问题，鼓励对方敞开心胸、淋漓尽致地吐出心中的话。

查尔斯·诺顿·李夫人曾说："要想别人对你的事感兴趣，得先表现出你对别人的兴趣。"不论跟你谈话的人是谁，他对自身问题关心的程度，绝对超出他对你的问题百倍以上。只要能随时想到这一点，你在谈判桌上的收获将是非常丰厚的。

洗耳恭听，找准顾客的脉搏

推销大师说，要允许顾客有机会去思考和表达他们的意见。否则，你不仅无从了解对方想什么，而且还会被视作粗鲁无礼，因为你没有对他们的意见表现出兴趣。

最重要的是，洗耳恭听可以使你确定顾客究竟需要什么。譬如，当一位客户提到她的孩子都在私立学校就读时，房地产经纪人就应该明白，所推销的住宅小区的学校质量问题对客户无关紧要。同样，当客户说："我们不属于那种喜欢户外活动的人。"房地产经纪人就应该让他们看一些占地较小的房屋。

股票经纪人尤其应该成为好听众，因为他们主要通过电话做推销。例如，当客户询问每一家推荐公司的股息情况时，一位善于观察的经纪人就应该意识到自己必须强调投资的收益。

很显然，对于推销人员来说，客户的某些语言信号不仅有趣，而且肯定地预示着成交有望。

要是一个推销人员忙于闲谈而没有听出这些购买信号的话，那真是糟糕透顶！出色的推销人员必须像对待谈话一样掌握聆听的技巧，然而这却是推销行业中最容易被忽视的一个问题。

一次，卡耐基同一位已故名人（假定为 A 先生吧）在晚餐会上交谈。席间，卡耐基自始至终只是充当了一个听 A 先生讲话的角色。事后，A 先生却向晚餐会的主持者赞扬卡耐基是一个非常善于交谈的人。得知此事后，卡耐基不禁大吃一惊，说："我只是很认真地在听他讲话而已。"

大家已经明白了这段小故事的真正涵义了吧。富有魅力的人大多是善于倾听他人言谈的人，真正善听人言者比起善言者更能感动对方，更能唤起对方的亲近感。

晓倩在某生命保险公司从事外勤工作已近 20 年了，是个经验非常丰富的行家。她在说服客户上保险时不采用劝说的方法，这正是她与其他外勤人员的不同之处。别人通常的做法是在客户面前摆上好几本小册子，然后向他们说明到期时间和效应，应收金额，并口若悬河地以一种非常熟练的语调反复讲述客户在投保后，将能得到多大的好处。

而晓倩却与此相反，她总是从对方感兴趣的话题说起，稍微谈谈自己在这方面的无知和失败的体会。原为劝说投保一事而稍存戒心的对方，因为她谈的是自己喜欢的话题，便无意中放松了戒心。之后她总是听着，并为对方的讲述而感到钦佩和惊叹。

少时，话题不知何时又转到人生的烦恼和对将来生活的规划上来了。晓倩依然还是专心地听着，而对方却不知不觉地倾吐了内心的烦恼，谈了自己对将来的理想和希望。直到最后，对方才主动地说出投保的想法——"这么说，还需要适当地投保啊！"至此应该说，晓倩已是一个善听人言的高手了。

不过，可以断言的是：她并不是因为生意上的缘故而装出一副倾听对方言谈的样子。与此相反，晓倩小姐在这段时间里甚至忘记了工作，诚心诚意地、极其认真地听对方讲话。也正因为如此，对方才会对她敞开心扉，吐露真情。即便在旁人看来，他们之间的对话像是单方面的，但实际上，他们二人进行着心灵上的交流和沟通。

做一个善听人言者——这比任何一个雄辩者都要吸引人，同时你也有可能得到一个意想不到的收获。

听出重点，了解客户谈话的意图

能听出对方的谈话重点，是一种能力，也是成功进行商务沟通的关键之一。这就要求我们在沟通中，不仅要集中精力认真倾听，更要认真思考。在思考的过程中，你可能会发现一些问题，也许这些问题正是决定着沟通是否成功的关键。我们来看下面一个案例：

王老板："喂？"

业务员："您好，请找一下王老板。"

王老板："我就是。"

业务员："王老师，我是塞尔摩公司的业务员小李。上周我跟您谈过我们公司的拳击手套正在优惠促销。"

王老板："谁啊？"

业务员："我跟你谈过拳击手套'买十得十二'的优惠。您还记得吗？"

王老板："喔，是的。当然，我记得你。今天找我有什么事？"

业务员："您要我今天再与您联系。我想知道您需要多少打？最有利的销售点是十打。"

王老板："货物是从哪里装运的？"

业务员："广州的总公司。但别担心，我们会依照订单指示慎选货品。"

王老板："广州？交付的货要多久才能运达我这边？"

业务员："哦，我确信不会太久的。好了，那我要运多少打给您呢？"

王老板："下周四我有一次销售会。货能在这之前运达吗？"

业务员："可能会。而我相信您仍记得我们提供给您首次订货额外三十天的列账期。现在您需要多少打呢？"

王老板："我想知道货品的确实运送日期。"

业务员："今天我一接获订单，他们将在今晨就开始处理。你要这批货都是同一种颜色的吗？"

王老板："小李，让我告诉你吧。最好你在下周尽早给我回电吧。目前我真的不缺手套，但下周当我售完后，我会再检查看看我的存货情形。"

电话就这样挂断了，在电话里，业务员小李只想着与王老板签订合同，却不去认真思考王老板的话，而且每次都是答非所问。比如，王老板在电话里问小李："下周四有一次销售会，货能在这之前运达吗？"

这已经表明在销售会上，手套方面可能没有足够的货，而小李却不断地和王老板说一些他不想听的，最终只能失去这个客户。

另外，在沟通中发现的问题，需要客户进行确认的，你应当及时让客户确认；需要认真核对的，应当及时核对。比如你可以这样说："您这句话的意思是……我这样理解对吗？""按我的理解，您是指……""您能再详细说说吗？"这些话语的运用，同样使客户有一种受尊重的感觉，当然，最主要的作用还是深层次地了解客户谈话的意图。

在商务沟通中，不管是电话方式，还是面对面沟通，客户都能从你的反应中判断出你是否在认真倾听。所以，你不仅要集中精力倾听，还要对客户所说的话进行思考，抓住重点。

及时听出客户所说的意思

华莱士是 A 公司的推销员，A 公司专门为高级公寓小区清洁游泳池，还包办景观工程。B 公司的产业包括 12 幢豪华公寓大厦，华莱士已经向他们的资深董事华威先生说明了 A 公司的服务项目。开始的介绍说明还算顺利，紧接着，华威先生有意见了。

场景一：

华威："我在其他地方看过你们的服务，花园很漂亮，维护得也很好，游泳池尤其干净；但是一年收费十万元？太贵了吧！我付不起。"

华莱士："是吗？您所谓'太贵了'是什么意思呢？"

华威："说真的，我们很希望从年中，也就是六月一号起，你们负责清洁管理，但是公司下半年的费用通常比较拮据，半年的游泳池清洁预算只有三万八千元。"

华莱士："嗯，原来如此，没关系，这点我倒能帮上忙，如果您愿意由我们服务，今年下半年的费用就三万八千元；另外六万二千元明年上半年再付，这样就不会有问题了，您觉得呢？"

场景二：

华威："我对你们的服务质量非常满意，也很想由你们来承包；但是，十万元太贵了，我实在没办法。"

华莱士："谢谢您对我们的赏识。我想，我们的服务对你们公司的确很适用，您真的很想让我们接手，对吧？"

华威："不错。但是，我被授权的上限不能超过九万元。"

华莱士："要不我们把服务分为两个项目，游泳池的清洁费用四万五千元，花园管理费用五万五千元，怎样？这可以接受吗？"

华威："嗯，可以。"

华莱士："很好，我们可以开始讨论管理的内容……"

场景三：

华威："我在其他地方看过你们的服务，花园侍弄得还算漂亮，维护修整上做得也很不错，游泳池尤其干净；但是一年收费十万元？太贵了吧！"

华莱士："是吗？您所谓'太贵了'是什么意思？"

华威："现在为我们服务的 C 公司一年只收八万元，我找不出要多付两万元的理由。"

华莱士："原来如此，但您满意现在的服务吗？"

华威："不太满意，以氯处理消毒，还勉强可以接受；花园就整理得不尽理想；我们的住户老是抱怨游泳池里有落叶。住户花费了那么多，他们可不喜欢住的地方被弄得乱七八糟。虽然给 C 公司提了很多遍了，可是仍然没有改进，住户还是三天两头打电话投诉。"

华莱士："那您不担心住户会搬走吗？"

华威："当然担心。"

华莱士："你们一个月的租金大约是多少？"

华威："一个月三千元。"

华莱士："好，这么说吧！住户每年付您三万六千元，您也知道好住户不容易找。所以，只要能多留住一个好住户，您多付两万元不是很值得吗？"

华威："没错，我懂你的意思。"

华莱士："很好，这下，我们可以开始草拟合约了吧。什么时候开始好呢？月中，还是下个月初？"

销售过程中及时领会客户的意思非常重要。只有及时领会了客户的意思，推销员才能及时做好准备，才能为下一步的顺利进行创造条件。

"误"听试探促成交

在销售过程中，行销人员总是认认真真地按既定的方法步骤对客户进行行销。殊不知，有些时候，这些办法是收效甚微的，这种时候何不采用误听试探法呢？它能有效地促进成交。

销售人员："喂，你好。刘经理吗？我是远方经贸有限公司的李慧，上星期一我到你们厂里来过，你还记得我吧？"

客户："噢，李慧，你不就是那个远方公司做广告的吗？"

销售人员："刘经理记性可真好。我们这个杂志广告是面对全国大建筑公司免费赠送的。反应相当好，通过我们的牵线搭桥，不少公司都取得了明显效益。而且据我们调查，你们公司新开发的几种石材，市场反应也好，应该大力推广。"

客户："哎呀，小李，我们在晚报和一些全国性的大报上都做了一些广告，但是效果都不太好。所以我们不打算做广告了，还是按照老的销售路子走。"

销售人员："您说的也对，花钱没有效益，谁也不愿意再做。但我想主要原因是，晚报是针对大众的，不够专业，而我们这个杂志是免费赠送给专业人士和单位阅读的，一般来说，大的买卖还是与这些专业建筑队成交的。是吧？"（诱导拍板人说出肯定的回答，同时也是诱导他对回答做出解释，以俟机采用误听试探法。）

客户："对，这方面我们有一定的老客户。老客户对于我们这14种石材反应都相当好，很受欢迎。"

销售人员："噢，你们主要是针对这4种石材进行推广。"（第一次采用误听试探。）

客户："不，是14种。"（通常在我们用误听试探法时，拍板人对我们的错误加以纠正。我们可以利用这个纠正，认同对方欲做出购买决定。）

销售人员："噢，那你就要准备14张石材照片，和一些相关的文字资料说明，两小时之后我来取。"（用认同购买的技巧促使成交。）

客户："好的。"

销售人员："那好，不耽误您的时间了，两小时后见。"

就这样，李慧用误听试探法做成了交易。

在行销中，销售人员就应该充分运用这种方法，给客户来个小小的误导。比如说，在谈判进入胶着状态时，行销人员就要开动脑筋，找寻一个能够对客户造成误导的关键点，围绕这一关键点来一招误听试探法。这样一来，很有可能会打破谈判的僵局，收获意外的惊喜。

第九章　让客户听话，就要先让客户说话

认真对待顾客的讲话

人人都喜欢被他人尊重，受到别人重视，这是人性使然。当你专心地听，努力地听，甚至是聚精会神地听时，客户就会有被尊重的感觉，因而可以拉近你们之间的距离。卡耐基曾说："专心听别人讲话的态度，是我们所能给予别人的最大赞美。"不管对朋友、亲人、上司、下属，倾听有同样的功效。

有一次，一位客户去向一位很优秀的推销员查理买车，查理为他推荐了一种最好的车型，客户对车很满意，并掏出 1 万美元打算做定金。眼看生意就要成交了，对方却突然变卦，掉头离去。

对方明明很中意那辆车，为什么改变了态度呢？查理为此事懊恼了一下午，百思不得其解。到了晚上 11 点，他忍不住按照联系簿上的电话号码打电话给那位客户。

"您好！我是查理，今天下午我曾经向您介绍一辆新车，眼看您就要买下，为何却突然走了。"

"喂，您知道现在是什么时候吗？"

"非常抱歉，我知道现在已经是晚上 11 点钟了，但是我检讨了一下午，实在想不出自己错在哪里，因此特地打电话向您讨教。"

"真的吗？"

"肺腑之言。"

"很好！你在用心听我说话吗？"

"非常用心。"

"可是今天下午你根本没有用心听我讲话。就在签字之前，我提到小儿子的学科成绩、运动能力以及他将来的抱负，我以他为荣，但是你却毫无反应。"

查理确实不记得对方说过这些事情，因为当时他认为已经谈妥那笔生意了，根本没有在意对方还在说什么，而是在专心地听另一个同事讲笑话。

很显然，查理之所以失去这个客户，正是因为他没有领会到听的重要性。

在行销沟通过程中发挥听的功效是一种特殊技巧，因为客户提供的线索和客户的肢体语言是看不见的。尤其在电话营销当中，听要比说更加重要。善于有效地倾听是电话沟通成功的第一步。所有的人际交往专家都一致强调，成功沟通的第一步就是要学会倾听。有智慧的人，都是先听再说，这才是沟通的秘诀。

在电话中，你要用肯定的话对客户进行附和，以表现你听他说话的态度是认真而诚恳的。你的客户会非常高兴你心无旁骛地听他讲话。根据统计数据，在工作中和生活中，人们平均有40%的时间用于倾听。事实上，在日常生活中，倾听是我们自幼学会的与别人沟通能力的一个组成部分。它让我们能够与周围的人保持接触。失去倾听能力也就意味着失去与他人共同工作、生活、休闲的可能。

所以，在行销中，发挥听的功效是非常重要的，只要你能够听得越多，听得越好，就会有更多更好的人喜欢你、相信你，并且要跟你做生意。他们越想跟你交往，你就越能获得更佳的人缘。成功的聆听者永远都是最受人欢迎的。这样才能使客户无所顾虑地说出他想说的话。这样不仅使客户有一种受重视的感觉，而且还能使你获得更多的客户信息。

先承认顾客的说法，再进行解释

王鹏是从事煤气炉推销工作的，一次，他向一位顾客推销煤气炉，经过宣传、解释，顾客有了购买的意向。但在最后时刻，顾客变了卦。顾客说："你卖的煤气炉 588 元一个，太贵了。"

王鹏不慌不忙地说："588 元也许是贵了一点儿。我想您的意思是说，这炉子点火不方便，火力不够大，煤气浪费多，恐怕用不长，是不是？"

顾客接着说："点火还算方便，但我看煤气会消耗很多。"

王鹏进一步解释说："其实谁用煤气炉都希望省气，省气就是省钱嘛。我能理解，您的担心完全有道理。这种煤气炉在设计上已充分考虑到顾客的要求。您看，这个开关能随意调节煤气流量，可大可小，变化自如；这个喷嘴构造特殊，使火苗大小平均；特别是喷嘴周围还装了一个燃料节省器，以防热量外泄和被风吹灭。因此，我看这种炉子比起您家现在所用的旧式煤气炉来，要节约不少煤气。您想想是不是这么回事？"

顾客觉得王鹏说的有道理，低头不语。王鹏看出顾客心动了，马上接着问："您看还有没有其他的顾虑？"

顾客的疑虑完全打消了，再也说不出拒绝购买的理由了，随即说道："看来这种煤气炉真的很好，那我就要一个吧！"

人类具备两个基本的逻辑思维能力：一个是归纳，一个是演绎。推销员经常与顾客沟通，对这两个能力应用的要求表现在：一个是讲述现象，一个是讲述结论。从现象到结论是一个归纳的过程，从结论到现象是一个演绎的过程。这两个能力都需要较强的思维能力，需要有充分的思考意识。这个案例就是以演绎能力制胜的典型案例。

在案例中，顾客在有了购买意向后，突然变卦说煤气炉太贵了，很显然顾客出现了异议，当然也可能是顾客拒绝购买的借口。推销员王鹏了解到顾客的想法后，说："588 元也许是贵了一点儿。"这句话中，王鹏首先承认顾客的立场，然后把对方抽象的立场转换成具体的有关商品本身的性能问题，因为这些都是可以检验的。同时，商品价格的高低，只有与商品的性能联系在一起，才有客观的标准。

果然，顾客又说："点火还算方便，但我看煤气会消耗很多。"很显然，顾客的拒绝已从"价钱太贵"缩小到"煤气消耗太多"上来了。王鹏抓住"煤气消耗太多"这个结论，开始发挥自己的演绎能力，为顾客详细解释了产品是如何节约煤气的，完全打消了顾客的顾虑，最终客户决定购买。

可见，在推销过程中，推销员要善于抓住顾客话语中的结论性语句，然后发挥自己的演绎能力，找出符合那个结论的各种现象，从而取得顾客的认同，最后成功签单。

客户提出疑问后，别直接去应对

一位客户想买一辆汽车，看过产品之后，对车的性能很满意，现在所担心的就是售后服务了，于是，他再次来到甲车行，向推销员咨询。

准客户："你们的售后服务怎么样？"

甲推销员："您放心，我们的售后服务绝对一流。我们公司多次被评为'消费者信得过'企业，我们的售后服务体系通过了 ISO9000 认证，我们公司的服务宗旨是顾客至上。"

准客户："是吗？我的意思是说假如它出现质量问题等情况怎

么办？"

甲推销员："我知道了，您是担心万一出了问题怎么办？您尽管放心，我们的服务承诺是一天之内无条件退货，一周之内无条件换货，一月之内无偿保修。"

准客户："是吗？"

甲推销员："那当然，我们可是中国名牌，您放心吧。"

准客户："好吧。我知道了，我考虑考虑再说吧。谢谢你。再见。"

在甲车行没有得到满意答复，客户又来到对面的乙车行，乙推销员接待了他。

准客户："你们的售后服务怎么样？"

乙推销员："先生，我很理解您对售后服务的关心，毕竟这可不是一次小的决策，那么，您所指的售后服务是哪些方面呢？"

准客户："是这样，我以前买过类似的产品，但用了一段时间后就开始漏油，后来拿到厂家去修，修好后过了一个月又漏油。再去修了以后，对方说要收 5000 元修理费，我跟他们理论，他们还是不愿意承担这部分的费用，没办法，我只好自认倒霉。不知道你们在这方面怎么做的？"

乙推销员："先生，您真的很坦诚，除了关心这些还有其他方面吗？"

准客户："没有了，主要就是这个。"

乙推销员："那好，先生，我很理解您对这方面的关心，确实也有客户关心过同样的问题。我们公司的产品采用的是欧洲最新 AAA 级标准的加强型油路设计，这种设计具有极好的密封性，即使在正负温差 50 度，或者润滑系统失灵 20 小时的情况下也不会出现油路损坏的情况，所以漏油的概率极低。当然，任何事情都有万一，如果真的出现了漏油的情况，您也不用担心。这是我们的售后服务承诺：从您购买之日起 1 年之内免费保修，同时提供 24 小时之内的主动上门的服务。您觉得怎么样？"

准客户："那好，我放心了。"

最后，客户在乙车行买了中意的汽车。

在推销过程中，客户提出异议是很正常的，而且异议往往是客户表示兴趣的一种信号。但遗憾的是，当客户提出异议时，不少新入行的推销员往往不是首先识别异议，而是直接进入到化解异议的状态，这样极易造成客户的不信赖。所以，错误的异议化解方式不但无助于推进销售，反而可能导致新的异议，甚至成为推销失败的重要因素。这个案例就是这类问题的典型代表。

案例中，客户提出"你们的售后服务怎么样"，这个问题是客户经过慎重考虑提出来的，是一种理性思考的结果。这时候，要化解客户的异议就需要推销员具有超强的应变能力，并促使其决策。

甲推销员显然不懂得这个道理，当客户提出疑问后，他在还没有识别客户的异议时，就直接去应对，给出了自以为是的答案，客户没有感到应有的尊重，认为推销员回答不够严谨，因此推销失败也就不足为奇了。

与之相反的是，乙推销员则采用了提问的方式："您所指的售后服务是哪些方面呢？"这种询问给予客户被尊重的感觉，同时也协助客户找到了问题的症结所在，然后又利用自己的专业知识，轻松化解了客户的问题，获得了推销的成功。

这个案例表明，对客户异议的正确理解甚至比提供正确的解决方案更重要。至少，针对客户异议的提问表达了对客户的关心与尊重。推销员只有找到症结所在，才能顺利实现成交。

对抱怨太贵的顾客灌输"一分钱一分货"

客户："我是××防疫站陈科长，你们是某某公司吗？我找一下你们的销售。"

电话销售："哦，你好！请问您有什么事？"

客户："我想咨询一下你们软件的报价，我们想上一套检验软件。"

电话销售："我们的报价是 98800 元。"

客户："这么贵！有没有搞错。我们是防疫站，可不是有名的企业。"
（态度非常高傲）

电话销售："我们的报价是基于以下两种情况：首先从我们的产品质量上考虑，我们历时 5 年开发了这套软件，我们与全国多家用户单位合作。对全国的意见和建议进行整理，并融入我们的软件中。所以我们软件的通用性、实用性、稳定性都有保障。另外，我们的检验软件能出检验记录，这在全国同行中，是首例，这也是我们引以为傲的。请您考察。"

客户："这也太贵了！你看人家成都的才卖 5 万元。"

电话销售："陈科长，您说到成都的软件，我给您列举一下我们的软件与成都的软件的优缺点：咱们先说成都的，他们软件的功能模块很全，有检验、体检、管理、收费、领导查询等，但他们软件的宗旨是做到全而不深。而我们的宗旨是做到既广又深，就检验这一块来说，他们的软件要求录入大量的数据并需要人工计算，它实现的功能只是打印，而再看我们的，我们只需要输入少量的原始数据即可，计算和出检验记录全部由计算机完成。这样既方便又快捷。另外，我们的软件也有领导查询和管理功能。在仪器和文档方面我们的软件也在不断改进，不断升级。"

客户："不行，太贵。"（态度依然强硬）

电话销售："您看，是这样的，咱们买软件不仅买的是软件的功能，更主要的是软件的售后服务，作为工程类软件，它有许多与通用性软件不同的地方。我们向您承诺，在合同期间我们对软件免费升级、免费培训、免费安装、免费调试等。您知道，我们做的是全国的市场，这期间来往的费用也是很高的，这些对您也是免费的。另外，在我们的用户中也有像您这样的客户说我们的软件比较贵，但自从他们用上了我们的软件以后就不再抱怨了，因为满足了他们的要求，甚至超过了他们的期望。我们的目标是：利用优质的产品和高质量的售后服务来平衡顾客价值与产品价格之间的差距，尽量使我们的客户产生一种用我们的产品产生的价值与为得到这种产品而付出的价格相比值的感觉。"

客户："是这样啊！你们能不能再便宜一点啊？"（态度已经有一点缓和）

电话销售："抱歉，陈科长你看，我们的软件质量在这儿摆着，确实不错。在10月21号我们参加了在上海举办的上海首届卫生博览会，在会上有很多同行、专家、学者。其中一位检验专家，他对检验、计算机、软件都很在行，他自己历时6年开发了一套软件，并考察了全国的市场，当看到我们的软件介绍和演示以后当场说：'你们的和深圳的软件在同行中是领先的。'这是一位专家对我们软件的真实评价。我们在各种展示中也获过很多的奖，比如检验质量金奖、检验管理银奖等奖项。"

客户："哦，是这样啊！看来你们的软件真有一定的优点。那你派一个工程师过来看一下我们这儿的情况，我们准备上你们的系统。"（他已经妥协了）

至此，经过以上几轮谈判和策略安排，销售人员产品的高价格已被客户接受，销售人员的目标已经实现了。在与别人谈判的过程中，如何说服你的客户接受你的建议或意见，这其中有很大的学问，特别是在价格的谈判中。以下是价格谈判中的一些技巧和策略。

（1）在谈判过程中尽量列举一些产品的核心优点，并说一些与同行相比略高的特点，尽量避免说一些大众化的功能。

（2）在适当的时候可以与比自己的报价低的产品相比较，可以从以下两方面考虑：

（1）客户的使用情况（当然你必须对你的和你对手的客户使用情况非常了解——知己知彼）；

（2）列举一些自己和竞争对手在为取得同一个项目工程，并同时展示产品和价格时，我们的客户的反映情况（当然，这些情况全都是对我们有利的）。

（3）列举一些公司的产品在参加各种各样的会议或博览会时专家、学者或有威望的人员对我们的产品的高度专业评语。

（4）列举一些公司产品获得的荣誉证书或奖杯等。

对有异议的客户，不要一上来就推销

玩具柜台前，一位客户正与推销员进行销售对话。客户想买一个教育性的玩具送人，而售货员建议其买一幅拼图玩具。

客户："我可看不出一幅拼图有什么价值？"

售货员："当您说价值时，您指的是教育价值呢，还是金钱价值？"

客户："对我来说，拼图可真是难得够呛，弄得我是焦头烂额，需要的拼块儿总是找不着。我还记得每次我只能拼出几种颜色，完整的一幅图我是从未拼出过。"

售货员："所以您就觉得拼图很困难，是不是？"

客户："或许它并不是那么困难，只是因为我不知道怎样拼罢了，现在的拼图是不是更容易些了呢？"

售货员："（指着盒子的背面）这儿有些拼法说明，文字通俗浅显，遵循这些说明做会很容易。您看，这儿是一系列的拼搭步骤。首先将所有的拼块放在一个平面上，然后再将相同颜色的分门别类地放在一起，接着从四个角开始，一块一块自外而内地拼搭。"

客户："这样就好多了。我真希望几年前就有这样的说明（哈哈笑了），那样的话拼起来就简单多了。哎，我看看，这几幅拼图倒很不错。瞧，多漂亮的画面啊！我很喜欢小山丘上那些花的颜色。这幅拼图共有多少块儿？"

售货员："有2000块儿，得花14个小时才能拼完。很漂亮，是不是？"

客户："你认为小孩子能从中学到什么知识吗？"

售货员："当然能了。拼图可是孩子学习和培养心理技能的一种很好的途径。"

客户："你的意思是？"

售货员："在孩子寻找正确拼块儿的过程中，会挑战其想象力，而在拼搭过程中，拼图又会挑战其逻辑能力。从四边向内心拼搭时，则能培养孩子的分析技能。它能培养孩子色彩协调的技巧及对拼块儿组合的节奏感。另外它还有助于孩子们去创作。"

客户："创作？此话怎讲？"

售货员："他们看着盒子上完整的图像，接着开始一次一片地拼搭，而这需要坚持不懈。有时拼块儿能吻合，有时则不然。这样他们就学会了不断去尝试，一直到拼出与盒子上的图像完全一致的图为止。这也正是我们在现实生活中创作的方式——坚持不懈，不断地进行尝试。"

客户："（停顿了一下）我想你是对的。好，我买了。这真是件很棒的礼物。"

售货员："要不要把它包装起来？我们这儿有些很漂亮的包装纸。"

在推销过程中，通过仔细倾听客户说话，推销员要能够确定客户的主要心理过程，勾勒出一幅客户需求的脑像图，然后用恰当的销售语言及产品来与之匹配。只有这样，才有可能满足客户的需求，顺利成交。这就是一个典型案例。

在此案例中，售货员建议客户买一幅拼图玩具送人，当听到客户说"我可看不出一幅拼图有什么价值"后，售货员反问了一句："当您说'价值'时，您指的是教育价值呢，还是金钱价值？"这句回答重新组织了客户的问题，在客户看来，售货员的这个反问似乎是为了更好地回答自己的问题才确认一下是否理解清楚了，让客户认为售货员在回答他的问题的时候比较慎重，并不是匆匆忙忙地回避自己的问题。这是售货员沟通技能的一个很好的表现。

当了解到客户是因为觉得拼图很困难才不愿购买后，售货员通过强调拼法说明、文字通俗浅显、色彩及逻辑介绍，取得了客户的认同。接着，售货员又把拼图对小孩子的好处进行了详细地介绍，最后客户认为拼图的价值确实很大，所以决定购买。

在整个推销过程中，售货员既调动客户对产品价值进行思考，又让客户感知到产品的图像和色彩，从而促成了交易。可见，面对客户的异议，一定要先找到问题的关键，然后再进行有针对性的说服，这样才能提高销售成功率。

逐步破解，削弱客户的反对意见

在与客户每一次的谈判中都会有满足和不满足的因素存在，双方都会出现一些需要克服的反对意见。面对反对意见，你用什么方法来解决，将直接影响你与客户谈判的成功与否。

戴尔先生曾和一位珠宝商交涉。戴尔先生妻子的视力不太好，她所使用的手表的指针，必须长短针分得非常清楚才行，可是这种手表非常难找。他们费尽了心力，总算在那位珠宝商的店里找到了一只戴尔太太能够看得清楚的手表，但是，那只手表的外观实在是不尽如人意。也许是由于这个缘故，这块手表一直卖不出去。就 200 元的定价而言似乎还贵了一些。

戴尔先生告诉珠宝商，这块表 200 元太贵了。

珠宝商告诉戴尔先生，这块表的价格是非常合理的。因为这块表精确到一个月只差几秒。

戴尔先生告诉他，时间精确与否并不很重要。为了证明自己的观点，戴尔先生还拿出了他妻子的天美时表让珠宝商看："她戴这只 10 块钱的手表已经有 7 年了，这只表一直是很管用的。"

珠宝商回答："喔！经过 7 年时间，她应该戴只名贵的手表了。"

议价时，戴尔先生又指出这只手表的样式不好看。

珠宝商却说："我从来没有见过这么一只专门设计给人们容易看的手表。"

最后，他们以 150 元成交。

处理对方的反对意见时要圆滑、委婉，才不至于使谈判陷入僵局。要运用削弱客户立场的方法来掌控客户。练习以下的 9 个步骤，也许会为你成为谈判高手提供一些帮助：

第一步：在和客户谈判之前，先写下自己产品和其他竞争产品的优点和缺点。

第二步：记下一切你能想到的、可以被客户挑剔的缺点或考虑不周之处。

第三步：让朋友或同仁尽量提出反对的意见，然后练习回答这些反对的意见。

第四步：当客户提出某项反对意见时，要在回答之前，了解问题的症结。

第五步：当你了解问题的症结后，前后权衡一下，看看问题是否容易应付。若是容易应付的反对意见，便可以利用现有的证据加以反驳。

第六步：利用反问来回答客户，诱导客户回答你"是"。例如，你推销汽车时不妨询问客户："你是不是正在为昂贵的维修费烦恼着？"

而客户的回答很可能是肯定的。既然客户不喜欢昂贵的汽油费和维修费，那么你就可以乘机向客户介绍你轿车的优点了，这是一个再好不过的机会。

第七步：不要同意客户的反对意见，这样会加强客户的立场。汽车推销员如果说："是的，我们生产的轿车维修费用是很高的，但是……"如此之举就属于不明智了。

第八步：假如客户所提出的反对意见是容易应付的，你可以立刻拿出证明来，同时还可以要求客户同意。

第九步：假如客户所提出的反对意见令你非常棘手，那么你就要以可能的语气来回答，然后再指出一些对客户更有利的优点。

真诚的态度是化解抱怨的好方式

俗话说"伸手不打笑脸人。"我们不难联想到自己工作生活中的一些场景：比如当领导发火时，赶紧主动道歉，将责任全部揽到自己身上；比如约会放人鸽子，见面马上道歉，并想办法让对方开心。这就相当于战争开始前就已经举起了白旗，对方还会忍心对你开枪吗？

微笑和真诚是影响客户情绪的最重要的元素，它们可以化客户的怒气为平和，化客户的拒绝为认同。

在销售过程中，客户的情绪往往是变化无常的。如果销售人员不注意，则很可能由于一个很小的动作或一句微不足道的语言，就会使客户放弃购买，而之前所做的一切努力都要付诸东流。尤其是面对客户对于产品的价格、质量、性能等各个方面或大或小、可有可无的抱怨，如果销售员不能够正确妥善的处理，将会给自己的工作带来极大的负面影响，不仅仅影响业绩，更可能会影响公司的品牌。

所以，学会积极回应客户的抱怨，温和、礼貌、微笑并真诚的对客户做出解释，消除客户的不满情绪，让他们从不满到满意，相信销售员收获的不仅仅是这一次的成交，而是客户长久的合作。

客户的抱怨一般来自以下两个方面：

首先是对销售人员的服务态度不满意。比如有些销售员在介绍产品的时候并不顾及客户的感受和需求，而是像为了完成任务而一味说产品多好；或者是在客户提出问题后销售人员不能给出让客户满意的回答；或是在销售过程中销售员不能做到一视同仁，有看不起客户的现象等。

其次是对产品的质量和性能不满意。这很可能是客户受到广告宣传的影响，对产品的期望值过高引起的。当见到实际产品，发现与广告中存在差距，就会产生不满。还有一些产品的售后服务或价格高低都会成为客户抱怨的诱因。

销售人员面对这种抱怨或不满，要从自己的心态上解决问题，认识到问题的本质。也就是说，应将客户的抱怨当成不断完善自身，认为是给自己最好的机会和指导。客户为什么会对我们抱怨？这是每一个销售人员应该认真思考的问题。其实，客户的抱怨在很大程度上是来自于期望，对品牌、产品和服务都抱有期望，在发现与期望中的情形不同时，就会促使抱怨情绪的爆发。不管面对客户怎么样的抱怨，销售人员都能做到保持微笑，认同客户，真诚的提出解决方案，就可能会使坏事变成好事，不但不影响业绩，相反会使业绩更上一层楼。

英国有一个叫比尔的推销员，有一次，一位客户对他说："比尔，我不能再向你订购发动机了！"

"为什么？"比尔吃惊地问。

"因为你们的发动机温度太高了，我都不能用手去摸它们。"

如果在以往，比尔肯定要与客户争辩，但这次他打算改变方式，于是他说："是啊！我百分之百地同意您的看法，如果这些发动机温度太高，您当然不应该买它们，是吗？"

"是的。"客户回答。

"全国电器制造商规定，合格的发动机可以比室内温度高出华氏72 度，对吗？"

"是的。"客户回答。

比尔并没有辩解，只是轻描淡写地问了一句："你们厂房的温度有多高？"

"大约华氏 75 度。"这位客户回答。

"那么，发动机的温度大概就是华氏 147 度，试想一下，如果您把手伸到华氏 147 度的热水龙头下，你的手不就要被烫伤了吗？"

"我想你是对的。"过了一会儿，客户把秘书叫来，订购了大约 4 万英镑的发动机。

情绪管理是每一个人都应该必修的课程，对于从事销售的人尤其如此。面对客户的抱怨，销售人员首先需要做的就是控制自我情绪，避免感情用事，即使客户的抱怨是鸡蛋里挑骨头甚至无理取闹，不管客户是何用意，销售人员都要控制好自己的情绪，对客户展开最真诚的笑容，用温和的态度和语气进行解释。解释之前一定要先对客户表示歉意和认同，这就是继控制自己情绪之后的第二个步骤：影响客户的情绪，化解他的不满。

在面对客户的抱怨时，销售员最忌讳的是回避或拖延问题，要敢于正视问题，以最快的速度予以解决。站在客户的立场思考问题，并对他们的抱怨表示感谢，因为他们帮助自己提高了产品或服务的质量。

记住，微笑和真诚永远是解决问题的最好方式。微笑多一些，态度好一些，解决问题的速度快一些，就会圆满解决问题。化干戈为玉帛，化抱怨为感谢，化质疑为信赖。抱怨的客户反而很可能会成为你永远的客户。

做出比较，让顾客觉得物有所值

一位顾客本来打算购买一款 70 元左右的衣服，试了几款后对产品性能不太满意，销售人员 A 推荐了一款 120 元左右的衣服。

顾客一边试听，一边不停地抱怨道："这衣服是很不错。面料好，样子也新。就是价格比预估的高了很多。而且那款 70 元一件的我的三个姐妹都看好了，我要一下买三件呢，这样一下高了这么多钱，估计大家都接受不了啊。"

这时销售员微笑着说："您说得不错，每件多花了 50 元钱的确不算小数目。但是您想想看，这件衣服质量好，不只是穿一个季节就不能穿了，而且这个样子也很时尚，您和您姐妹能穿好长时间呢。如果买了不喜欢的衣服，即使再便宜，穿一天就压箱子不愿意再穿了，那才叫浪费呢。"

那位顾客想起自己曾经在动物园批发市场购买的那几件一二十元的衣服穿了一次就没好意思再穿的教训，最终还是买下了那件 120 元左右的衣服。

买东西的时候，不少人会因为价格的原因放弃购买。这个时候，我们销售员该用什么"诡计"去化解客户心里的顾虑呢？这个"诡计"就是对比，有对比才有鉴别，有对比才有区别，我们可以利用对比来突出商品的性价比，让他们觉得买你的商品划得来。

比如故事场景中的销售员，当顾客嫌衣服贵的时候，她先是实事求是的肯定顾客的话，同意顾客的意见，这在无形中就让顾客有种带有同理心的愉悦感，同时也会觉得销售员比较实诚和靠谱。之后，销售员立即就转变了方式，用对比的方式让顾客觉得与其买便宜的穿不出去，还不如买一件自己更喜欢、更上档次、天天可以漂漂亮亮的衣服穿。

从中我们可以看出，作为一名销售员，我们不能机械地和顾客说价格，应该给顾客做出比较，让顾客觉得花的钱物有所值。

一般情况下，销售员推荐的新产品大都会比顾客原来的预算多一些，因此只要你推荐的是新产品，所有的顾客都会说价格太高了。其实这是顾客不了解产品的表现，生怕自己多付钱，更担心你是奸商。哪怕真实市场下这个新产品价格已经很低。但是此时销售人员若在一旁催促成交、或者是说自己价格绝对很低或者有赠品等都不具有说服力。这些方法不但不能消除顾客的价格疑虑，还会引起顾客的逆反心理。不可否认，一般情况下，你必须给顾客适当的优惠，他才会接受新产品。而且假若顾客一下买了三件，从数量上来说你给个轻微的折扣是不吃亏的。

另外，在做产品推销和销售时，销售员要对自己的产品有充分了解，面对顾客要充满自信，根据顾客的不同心理和需求以及预算选择合适产品，这样方可打消顾客疑虑。

当顾客对销售员推荐的商品有价格异议的时候，销售员可以参考以下三种方法：

（1）显示出你高尚的职业道德，而非为了提成而只推荐贵的产品，让顾客意识到你是站在他的角度为他推荐了最适合他的商品。

（2）以退为进，曲折处理：讨价还价，人之常情。当顾客以新产品的某一项缺陷为由来迫使你降价的时候，你可以先肯定顾客的意见，然后借机表达不同的看法，博得顾客的理解。

（3）先紧后松法：面对顾客死缠烂打的降价要求，销售人员必须以平和的态度说明不降价的理由，并表现出很有苦衷的样子，经过几番讨价还价，根据顾客的态度来改变降价策略，毕竟，所有前面努力的期望结果都是希望能顺利成交，所以在容许的情况下，要尽量为顺利成交服务，以提高成交效率。

下 篇

践行：说客户想听的，
听客户想说的

第十章　攻心说话，销售就是一步步满足心理欲

催眠话法，让客户在不知不觉中做决策

在一个市集上，有个卖菜刀的摊贩商人，正在手拿着他的商品——菜刀，对几位到市场购物的家庭主妇进行现场催眠。（以下文句的阿拉伯数字是表示催眠话法的句型代号）

（1）"这种菜刀，买过的人有没有觉得不够快利？或者只是刚磨过的时候切起来才快利？"

（2）"如果真的碰到这种事情，一定要毫不客气地说出来。我绝对不会卖这种杂牌子切起来不快利的菜刀。"

（3）"各位再看看，我用我卖的菜刀去削硬木的时候有没有影响到这个菜刀的快利呢？"（说着用菜刀切一块木头）

"您看，一点也不会伤到刀刃吧！"

（4）"如果是切伤了刀刃，您可以拿个臭鸡蛋来砸我。"

（5）"这位阿姨，您说是不是？"

"这么快利的菜刀，简直就像剃刀！"

"您看，只把菜刀从上面放下去，就能切掉东西。"（边说边用菜刀往萝卜上面落下，萝卜果然被切成两半。）

（6）"原价八百元的菜刀，我现在只卖三百元了。"

（7）"上午以这个价格买过的人，很抱歉，请不要再买，把机会留给别人。"

（8）"各位，我卖的菜刀可是地地道道的 ×× 工厂制造的菜刀，触了就能切开，碰了也能切开。"

一位主妇被他的催眠话法给迷了魂，马上情不自禁地说："老板，给我一把吧！"他趁机又说：

（9）"各位，大家都听到了吧，素质高的人就是不一样啊，她不是说'买一把'，而是说'给我一把'。光是听到这种话就令人觉得，她是有福气的人。"

（10）"买了我的菜刀，一定会有好运气，这是错不了的事情。"

话说到这种程度，连那些原以为是普通菜刀的人，也不知不觉跟着别人付钱买了菜刀。

看完他的这些非常具有煽动性的销售言语，我们不得不佩服这个小贩的销售功底。其实，他所使用的这些销售话术正是"催眠话法"。

一般家庭的菜刀不快利，是因为没有好好磨过。可是在 1 中，小贩却把原因归结于菜刀本身，引发了主妇们的认同感。之后，他又用 2 的呼吁方式，触发主妇们看个究竟的动机。接着，以 3 的方式加以证实。之后又以 4 和 5 把话题转到 6 上，施展着折扣战术，加深催眠的作用。用 7 的言语再次进行深度催眠。而后，又用 8 搬出了制造菜刀的名厂品牌，强调权威效果。当有一位顾客购买的时候，他立即将之恭维了一番，把催眠效果发挥到了最高峰。最后，他再次以 10 做了一呼百应的引诱攻势。最终引来了人们的纷纷购买。

实际上，催眠销售的自始至终都交织着各种催眠话法，以诱使顾客进行购买。他们的催眠技巧，来自于真正洞悉人性的心理、长期的经验以及代代相传的秘诀。他们的催眠话法，凝聚了当今很多销售大师都无法匹敌的智能。我们要仔细的揣摩学习，将之灵活运用到我们的销售实践中来。

催眠式销售技巧不像舞台式的催眠那样，让你在不知不觉中入睡，而是通过交谈，让对方进入到一种更容易接受你影响的状态。所以我们在平时的销售工作中要多注意揣摩总结，用具有煽动性的、能引发顾客购买欲望的语言来将顾客催眠，进而使之在不知不觉中做出购买决策。

不给客户说"不需要"的机会

失败销售员与成功销售员的区别其实只是那么一丁点，那就是失败的销售员往往一开始就被拒绝了，而成功的销售员会通过各种方法诱导客户，让他们没有机会说"不需要"。我们通过下面这两个销售场景身临其境的来感受一下其中的区别，做一名成功的销售员也许并没有想象中的那么难。

［场景一］

小李："您好，请问是孙先生吗？"

客户："是的，你是哪位？"

小李："是这样的，孙先生，我是××公司的小李，我是通过物业处查到您的电话的。"

客户："找我有什么事情吗？"

小李："我公司最近生产了一种产品，可以及时地维护您的下水道，从而避免下水道的堵塞。"

客户："是吗？非常抱歉，我家的下水道一直都很正常，我们现在还不需要。谢谢！"

小李："没关系，谢谢！"

［场景二］

小王："您好，请问是孙先生吗？"

客户："是我！什么事？"

小王："孙先生您好，我是受××小区管理处之托，给您打电话的。有件事情我一定要告诉您，不知道您是否听到过这件事：上个月小区内B座有几个家庭发生了严重的下水道堵塞现象，客厅和房间里都渗进了很多水，给他们的生活带来了很大的不便？"

客户："没有听说过呀！"

小王："我也希望这不是事实，但的确发生了。很多家庭都在投诉，我打电话给您就是想问一下，您家的下水道是否一切正常？"

客户："是呀，现在一切都很正常。"

小王："那就好，不过我觉得您应该对下水道的维护问题重视起来，因为B座的那几个家庭在没有发生这件事之前与您一样，感觉都很正常。"

客户："怎样维护呢？"

小王："是这样，最近我们公司组织了一批专业技术人员，免费为各个小区用户检查下水道的问题。检查之后，他们会告诉您是否需要维护。现在我们的技术人员都非常忙，人员安排很紧张。您看我们的技术人员什么时候过来比较合适？"

客户："今天下午三点就过来吧！谢谢你！"

看似最短的路，往往有可能走不通。而迂回的路，有时候却往往是最直的路。世道艰难，我们不使用技巧，只知道单纯地横冲直闯怎么能行呢？特别是在智商与情商角逐最为激烈的销售活动中。

很明显的，场景一中的销售员小李肯定是个直爽人，直接就点明了自己的意图，结果被客户的一个"不需要"就拒绝了，且毫无还击之力。而场景二中的销售员小王显得"诡计多端"一些，他非常会绕弯子，先跟客户说他听说客户所住小区的楼道里发生了地下道严重堵塞，问客户家的下水道是否正常。这先让客户产生了好奇心，进而又觉得小王确实是在关心他，所谈到的问题也跟自己的切身利益相关。之后小王又故意提醒客户要重视这个问题，客户自然进了"诡计圈套"，忍不住主动问小王要怎么维护。于是，小王就水到渠成地跟客户说可以让本公司的专业技术人员帮他免费检查下水道的问题。这个客户当然乐意啊，答应肯定也是理所当然的事情。这第一步没吃闭门羹，等小王与客户接触了之后就可以接着"忽悠"客户购买产品了。

在推销的时候，如何避免客户说"不需要"呢？小王告诉我们三个随时可以拈来即用的小方法：

（1）在销售产品和服务之前，首先推销自己。从客户的心理来看，往往是在接纳了销售员本人之后，才乐意接受其推销的产品和服务。推销的过程是一种在销售员和客户之间实现信息交流和商品交换的过程。要使两者之间的交往圆满进行下去，就需要互相之间以信任为基础。销售员要以自己的人格作担保去和客户接洽，销售员只有诚心诚意地对待顾客，树立良好的人格形象，才能使顾客放心。

（2）站在顾客的立场上考虑问题。从事销售工作，如果只想怎样把产品卖出去，而不考虑客户所关心的问题，往往会遭到拒绝。销售员如能设身处地站在客户的立场上考虑问题，通常是化解拒绝的一条有效途径。如果销售充分重用职业优势，平时多做有心人，适时地给客户提供有益的信息，帮助他们解决经验上的难题，这样自然会受到顾客的欢迎。你为顾客解决了难题，作为回报，顾客当然会主动地解决你的难题——购买你的产品。

（3）注意创造需求。销售员不仅要寻找目标客户，还要去创造和发现需求者，销售员的责任就是让顾客从更大的消费空间充分认识到不为他们所知的需求。一流销售员的高明之处，往往是把一部分的精力投放在对自己的产品还没有多少需求的客户身上，先是认真地播下"需求"的种子，然后小心翼翼地加以培养，剩下便是耐心等待收获的季节了。

对比销售，打动客户

乔治："亨利，作为老板，我想您应该为本公司的核心人物吉姆购买人寿保险。"

亨利："我知道现在为吉姆买保险很有必要，但是我们公司正处于鼎盛时期，资金不允许我们买保险啊，目前我们唯一的任务就是扩大市场占有率，发展企业，而不是买保险。"

乔治："您好像把保险金当做一项开支，当做吉姆死后需要的支出。"

亨利："难道不是吗？"

乔治："亨利，您的公司在银行有储备金吧？"

亨利："当然，但我们要用这些钱交税或买别的东西。我拿不出你要的那个数。"

乔治："我相信您拿不出，我也不让您拿。我想您有两种选择：其一，您可以把钱放在法人银行账户上，需要时可以取出来用；其二，把钱转移到为投保开的账户上。第二种选择可以使您的钱一部分用于保险费，其余的以现金价值增长。这样一来，您只是转变了您的现金资产身份，即从银行转到了保单中。有了保险账户，公司就可以免受吉姆的死亡可能带来的损失。如果您需要钱，您可以以现金担保贷款。"

亨利："听起来不错，但要花多少钱？"

乔治："你们公司两年的销售收入是多少？"

亨利："4000 万美元。"

乔治："我来帮您算一下，您为吉姆买保险要花多少钱。两年销售收入的 1% 是 40 万美元。40 万美元的 1/10 是 4 万美元。4 万美元才占您年销售收入的 1‰。两年买 4 万美元的销售收入保险如何？您认为能接受吗？"

亨利："听起来不错。可我还是有点怀疑，乔治。"

乔治："如果您的副总裁吉姆死了，我给您 400 万美元的免税利润怎么样？这个数相当于 4000 万美元纯利润的 10%——而且有保证。"

亨利："这……"

乔治："再打一个比方，如果税收和成本以销售收入 1‰的速度增长，您明天会破产吗？"

亨利："不，当然不会。"

乔治："您会改变经营策略吗？您的市场会缩小吗？产品的发送和销售效率会降低吗？"

亨利："不，不会。"

乔治："那么，您还是付得起保险金的，您的钱仍然是流动现金资产。在您交过保险金以后，现金将以保单现金价值的形式归您所有。您真正要做的是改变现金资产的身份，在改变过程中捡起 400 万美元的保险。吉姆死后，你将不仅拥有本金，而且有 400 万美元创造以后两年的利润。"

电话结束时，乔治的记录本上又多了 400 万美元的终身保险。亨利完全接受了核心人物保险的观念，决定为公司各种各样的核心人物买 800 多万美元的人寿保险。

对比是一种非常实用也是非常容易成功的成交法，在这个案例中，推销员乔治就是利用了对比的方法达到了自己的销售目的。

乔治是一名经验丰富的保险推销员，他试图说服某公司的老板亨利为其公司的核心人物吉姆购买人寿保险。但亨利表示，公司目前没有足够的资金用来购买保险，并且把保险看做是一项额外的支出，认为只要是支出就会增加成本。

乔治看到了这一点，他知道，这时候再试图通过介绍保险的好处是无法打动客户的，于是，他询问了亨利公司两年的销售收入，并且用数据明确地把买保险与不买保险的利弊做了对比，最后得出结论："吉姆死后，您将不仅拥有本金，而且有 400 万美元创造以后两年的利润。"

最终，乔治的策略取得了预期的效果，客户不仅为吉姆购买了保险，还为公司其他核心人物都购买了人寿保险。

可见，在销售过程中，善用对比的方法，明确地告诉客户不接受推销会产生怎样的严重后果，接受推销将会有什么受益，这样往往能够得到客户的认可。

让顾客说出承诺，他便会言行一致

《百科全书》是一套由 25 本书构成的工具类百科全书。公司规定，客户签约购买后，如果认为不符合要求，在不损害质量的情况下，15 天内公司可以为其办理退款。而大部分销售人员的退货率高达 70%，却有一部分销售人员，他们的退货率仅仅为 25%，这是为什么呢？

以下是一位销售代表的陈述："当客户决定购买并签订合同，付款前我通常会问两个额外问题，第一个是：'通过了解，您觉得这套百科全书对孩子有帮助吗？'因为在介绍过程中客户已经认可，所以，客户会说非常有用。第二个是：'在未来的两个月内，您会坚持每天找到一个孩子感兴趣的条目讲解给他吗？'因为介绍过程中讲到了习惯的养成及坚持的好处，客户会回答说愿意坚持每日讲解，直到孩子养成习惯。这两个问题，让我的客户退货率控制在 25% 以下。"

这是为什么？

承诺一致性原理，让人做出承诺，他就有了必须言行一致的压力。

古今中外，在人类的文化里，始终如一是一种代表诚信的优秀品质。一旦下定决心，我们就会找出很多理由说服自己坚持完成。这在心理学上的表现就是承诺一致性原理。一旦选择了某种立场，人们一定会捍卫下去，因为一致性在制造着压力，这种压力迫使人们产生与承诺一致的行为。而且，人们会一直说服自己所做的选择是正确的，并用行动证明，这样感觉才会良好。

刘先生刚刚乔迁新居，决定淘汰旧的家电，一切都换成新的。当一个知名家电品牌的推销员李朗上门推销公司新推出的一种套装家电的时候，刘先生家仅仅剩下一台洗衣机没有更换。李朗意识到全套家电是不可能卖出了，但是既然来了，就要争取一下，于是详细讲解海尔的电器。他发现刘先生一家对洗衣机非常感兴趣，于是就推荐了公司新推出的一款洗衣机。尽管刘先生及家人都非常喜欢这款洗衣机，但对推销人员的防备心理让刘先生产生了质疑，他决定暂时不买。

于是他婉转地说："实在不好意思啊，虽然我们都很喜欢你推销的家电，但我们不能因为喜欢洗衣机就让你把这套家电拆开来卖，这样可能会给你和你们公司造成很大的损失。"

聪明的李朗意识到，这只是刘先生在拒绝自己，但同时他也捕捉到一个很好的契机，他立刻反问刘先生："如果这套家电可以拆开卖，你会选择购买吗？"刘先生说："那最好不过，但是我们也不想为难你！"李朗再次确定："您是说如果可以拆开来卖，您会购买这台洗衣机是吗？"刘先生点头。看到客户已经做出了承诺，李朗便抓住机会说："您稍等，我向公司请示一下。"

结果可想而知，领导同意后，李朗欣喜地告诉刘先生说："领导已经同意将这套家电拆开卖。恭喜您，可以买到一款喜欢的洗衣机。"想到有承诺在前，刘先生此时也不好再说什么，只有选择购买了。

承诺一致性原理，就是让人受到一种无形力量的牵制，承诺一旦做出，就不会轻易改变。上面的例子，销售员将承诺一致性应用到销售中，就可以以此来防止客户变卦，利用客户自己的承诺来影响其行为。

优秀的销售员可能并不会在推销的过程中直截了当地要求客户购买自己的产品，而是引导他们向自己许下一些诺言。等到时机成熟，销售员再用承诺促使当初许下诺言的客户兑现。即使客户此时已经认识到自己当初轻易许下诺言是不理智的行为，他也会为了保持自己的言行一致，而难以拒绝销售员的再次推销。对大部分人来说，保持言行一致的形象远远要比损失一些金钱更重要，何况他们仅仅是购买了一些对自己有利无害的产品，并没有损失金钱。

承诺一致性原理，通过无形力量的影响，使销售员原本艰难的推销过程变得简单起来。因此，如果销售员能将这一原则巧妙地运用到销售中，不仅可以让客户感到最大限度的满足，也能够顺利实现自己的销售目的。当然，无论运用何种原理，销售者都要以服务客户、帮助客户为己任。

多管齐下，积极应对客户的讨价还价

当客户认同了你的产品，希望你降低价格时，销售者应积极面对客户的讨价还价，充分利用示弱、赞同、争取理解、获得同情等技巧与客户谈判，以赢得客户的好感。

客户："我知道你们的计量设备的水平、品质都是一流的，这个我们公司内部都是认同的，没有任何争议。所以，老板吩咐我还是与你们谈一次，这个价格确实比 ×× 公司的精准计量仪贵了一倍，你让我们怎么决定呢？"

小郑："李总，×× 公司的设备你们也应该知道，它们便宜是有原因的，在实际计量中你们在乎的不仅是精准，还在乎时间，快速给出精确到微米的数字。在测量各种材料的光谱中，我们的计量仪器不仅准确而且快速，在测量后你们的客户等着要结果，你们能让他们等那么长时间吗？再说……"

客户（不等小郑说完）："小郑，这个我们不是不知道，不然早就给 ×× 公司下单了，我也不会再来找你谈了。"

小郑："这样吧，李总，到底什么价位您可以接受，您给我一个数，

我绝不为难您。要是差太多，那就是您让我为难了。其实您也知道，在公司里我也不过就是一个干销售的，从早到晚东奔西跑，没有一天踏实日子，还都得听老板的。您到底能接受什么价位，请直说，我听着。"

客户："降 10 万，这个要求不过分吧？"

（小郑在电话这头沉默了一会儿，接着笑了起来，这让客户心里没谱。）

客户："到底怎么样？成不成，给个话！"

小郑："绝不过分，我要是您，比您还要狠。您是甲方，您的要求就是我们做乙方的首要义务，不过，我也是靠销售生活的人，也就是说您决定着我们这些推销员的工资。您也知道，我没有决定权，我给您请示经理，您看可以吗？"

客户："那你什么时候决定？我们现在手上的单子也有积压了，就等着设备呢。要不，你这就去请示经理，如果能行，这事就定了，怎么样？"

小郑："李总，我比您还想做这个单，都跟了这么长时间了，您给 ×× 公司下单完成您的任务，我可就惨了。所以，无论如何这个单不能没有发展，我这就去请示经理，说你们公司的好话，告诉他明年你们还要开分公司，这次定了，下次还会再合作。还有，我会说你们的伙伴也有需求，这样对大家都好，行吧？"

客户："好说，好说，这不就成了吗？"

事后经过一番交涉，经理同意让价 8 万元，客户推荐了他的几个也有计量设备需求的合作伙伴，双方都得到了自己想要的。

潜在客户在销售交往、沟通一段时间以后，在多家供应商之间权衡、比较以后，会发展到选择阶段。选择对象一般确定在 2～3 个供应商。这个阶段，客户的主要动机是为自己争取最大的利益，并通过要求供应商降价来实现这个目的。此时对推销员来说是最为关键的阶段，只要推销员能积极发挥自己的谈判技巧，在讨价还价中获得客户的好感，成功拿到订单将不是问题。这个案例就是一个积极应对客户的讨价还价，利用谈判技巧成功签单的典型实战案例。

在此案例中，客户首先提出价格问题，要求供应商降价，小郑开始时使用的是基于利益陈述的思路："李总，××的设备你们也应该知道，它便宜是有原因的……"但是，由于客户已经完全认可了这些利益，因此，再次使用这些利益吊客户的胃口，让客户接受价格就已经无效了，所以客户打断了小郑的陈述。

这个陈述遇到挫折后，小郑迅速转移到充分示弱，并且赞同对方的观点的思路上："这样好吧，李总，到底什么价位您可以接受，您给我一个数……""绝不过分，我要是您，比您还狠……"这些都是典型的赞同和示弱策略，可获得客户一定程度的同情。

"李总，我比您还想做这个单，都跟了这么长时间了。"这句话也是认同客户和争取理解的体现，就是要求客户有一定程度的配合承诺，共同争取自己的利益。

在整个案例中，小郑有效应用了示弱、赞同、争取理解、获得同情等谈判技巧，最后成功实现了签单的目的。推销员们在与客户讨价还价时，也不妨向小郑学习，灵活运用这些技巧，通过赢得客户的好感拿下订单。

以退为进，促使客户做决定

对于行销人员来说，顾客是他们的衣食父母。推销过程中，绝不能与顾客争执，只能与顾客进行有效的谈判。为了避免与顾客争执或者是流失顾客，有时进行合理的"退让"对于销售来说是很重要的。当客户快要被说服了，但还有些动摇，这时不妨用一下"以退为进"的方法。

赖瑞克是位商业设计家，而且是个非常会说话，懂得进退之道的设计家。

"广告的设计和印刷的品质力求精确，是商业设计中不可或缺的一个要求。"他说，"但在编辑要求快速完稿、时间非常紧迫的情况下，错误是难免的，但往往那些编辑人员并不会替你设想这么多，而只知道一味地吹毛求疵。"经常面对这些情况，赖瑞克讲了一个刚发生的故事以说明他是如何让步而让双方皆大欢喜的。

"最近我交予一份在紧急状况下完成的设计图给编辑人员，未料作品才刚送到，对方就拨电话过来，将我刻薄地数落了一顿，这还不算，他还专程把我叫进编辑室，毫不留情地挑出设计图的毛病，一一批评指责。我当时很气愤，可是我没有发火，而是对他说：'很抱歉！替您做了那么久的设计工作，却还不能令您满意，实在是我的不对，我有责任在设计上达到您要求的标准，对于这样的过失，我实在羞愧万分。'他听到这，口气才软了下来。"

"'其实也没那么严重，只是……'"

"我马上又接口应道：'但我知道任何一点错误，都将带给您时间和金钱上很大的损失。'"

"他本来想再插嘴安慰我几句，但我并没让他这么做，而是继续说道：'是我太过疏忽，您提供我那么多工作机会，说什么也不能不让您满意，我还是重新再为您设计一份好了！'"

"'不！不！'他忙不迭地应道：'不必那么麻烦！其实你的设计还是很好，只是有一点点地方需要修改，并不是你想象的那么严重。'"

"最后，他愉快地请我吃了晚饭，而且分手时，又给我提供了另一个设计工作。"

其实，任何一个人都知道让步与妥协的好处，但却只有最聪明的人，才勇于做到妥协让步。对于谈判而言，任何一方坐到谈判桌上来的目的主要是为了成功，达成协议，而绝没有抱着失败的目的前来谈判的。

因此，当谈判陷入僵局时，我们应当清醒地认识到，如果促使合作成功所带来的利益要大于坚守原有立场而让谈判破裂所带来的好处，那么，适当的让步就是我们应该采取的策略。

不过，在使用这种方法时要注意以下四点：

（1）采用让步的方式，使客户做决定。

（2）让步时要从大到小，一步一步地让，大表示大的方面，小表示小的方面。

（3）让步同时改变附加条件。

（4）表示你每让一步都非常艰难。

具体做法如下：

"如果我提前一天，10号就给您送货，您今天可以下订单吗？"

"如果我能够以老价格卖给您新产品，您是不是打算订2万元的产品，而不是1万元？"

"如果贵公司连续做五期培训的话，价格方面我们可以给到九折。而如果是做一期的话，价格就是我们所提供的报价，您看是做一期，还是做五期呢？"

"如果交货期能推迟一周，我们可以优惠300元。"

"如果我再退，就只有粉身碎骨了。"

以退为进，但这并不意味着你就要一味地退让，而是在退让的时候一定要把握一个度，如果退让太多，顾客就会觉得你不诚实，或者是你的价格有很大的水分。所以要把握好这个"度"，你可以这样说：

"如果我提前一天，星期一就给您送货，您今天可以订货吗？"

"如果我以同样的价格卖给您产品，我们是不是可以成交？"

"由于我们的存货非常有限，我确实不知道这是否可能，不过我会努力为您争取。如果我给您找一个那种货型的，价格依旧，您是否愿意接受？"

"如果我能以老价格卖给您新产品，您是不是可以买4个，而不是2个？"

"如果我允许您 3 个月内交齐货款，您是不是可以买豪华型的，而不是标准型的？"

几乎每个人都有争强好胜的心理，都想比别人强一点，都想有胜利感、成就感。这并不表示想占别人的便宜，而是人们内心的一种深切的渴求。当你尝试促成反被拒绝之后，与其直接反驳顾客的问题，不如先转移当时的话题让顾客认为你不会再继续说服他购买，等到气氛稍有改变之后，你再继续尝试促成。这样反而会收到意想不到的效果。

没有敲定结果时，最后谈话要留点悬念

克林顿·比洛普是美国著名的推销行家，在创业初期，为了多赚一点钱，他曾为康涅狄格州西哈福市的商会推销会员，并借此他敲开了该市各企业领导人士的大门。

有一次，他去拜访一家小布店的老板。这位老板是第一代土耳其移民，他的店铺离一条分隔东哈福市和西哈福市的街道只有几步路的距离。结果，这个地理位置成了这位老板拒绝加入商会的最佳理由。

"听着，年轻人，西哈福市商会甚至不知道有我这个人。我的店在商业区的边缘地带，没有人会在乎我。"

"不，先生，"克林顿·比洛普坚持说，"您是相当重要的企业人士，我们当然在乎您。"

"我不相信。"老板坚持己见，"如果你能够提出一点证据反驳我对西哈福市商会所下的结论，那么我就会加入你们的商会。"

"先生，我非常乐意为您做这件事。"比洛普注视着老板说，"我可不可以和您约定下一次会面的时间？"

老板一听，觉得这是摆脱比洛普最容易的方式，于是毫不犹豫地说："当然，你可以约个时间。"

"嗯，45分钟之后您有空吗？"比洛普说。

老板十分惊讶，他没想到比洛普要在45分钟之后再与他会面。

惊讶之下，顺口说了，"嗯，我会在店里。"

"很好，"比洛普说，"我会在45分钟后回来。"

比洛普快速离开布店，然后直接往商会办公室冲去。他在那里拿了一些东西之后，又到邻近的文具店买了该店库存中最大型的信封袋。带着这个信封袋，比洛普再次来到布店。他把信封放在老板的柜台上，开始重复先前与老板的对话。在交谈的过程中，老板的目光始终注视着那个信封袋，猜想里面到底装了什么。

最后，他终于忍不住了，就问："年轻人，我可不想一直和你耗下去，这个信封里到底装了什么？"

比洛普将手伸进信封，取出了一块大型的金属牌。"商会早已做好了这块牌子，好挂在每一个重要的十字路口上，以标示西哈福商业区的范围。"比洛普带着老板来到窗口说："这块牌子将挂在这个十字路口上，这样一来，客人就会知道他们是在西哈福区内购物，这便是商会让人知道您在西哈福区内的方法。"

老板的脸上浮现了一丝笑容。比洛普说："好了，现在我已经结束了我的讨价还价了，您也可以把您的支票簿拿出来好结束我们这场交易了。"

老板便在支票上写下了商会会员的入会费。

开门见山、直奔主题是一种推销方法，出其不意、欲擒故纵也是一种推销方法，而后者往往比前者更能促成交易。

在这个案例中，年轻时的克林顿·比洛普为了生计，为康涅狄格州西哈福市的商会推销会员。这次他的目标客户是一家小布店的老板，而这家店正好位于一条分隔东哈福市和西哈福市的街道的旁边，这个位置成了布店老板拒绝加入商会的理由："西哈福市商会甚至不知道有我这个人，我的店在商业区的边缘地带，没有人会在乎我。"这是一种客户思考后得出的结论。

比洛普要想拿下这个订单，就必须把客户的思维发生转变。这时候，比洛普采用了欲擒故纵的谈判策略："我可不可以和您约定下一次会面的时间。"这让客户放松了警惕，以为可以就此摆脱比洛普，于是就同意了，说明此时客户的防范意识减弱。

令他没想到的是，比洛普竟然说："45 分钟之后您有空吗？"这让布店老板非常惊奇，也给他留下了悬念。之后，比洛普先回商会办公室"拿了一些东西"（事先已经准备好），然后又去商店买了一个最大型的信封（临场发挥）。当他回到客户的面前时，并不急于说明信封内的东西，这让客户的好奇心越来越浓，以至于最后主动询问，这正是比洛普要达到的效果。最后，谜底揭开，客户不得不认同比洛普的做法，终于答应入会。

可见，在谈判的过程中，如果能留一点悬念给客户，让客户对你的下一步行动感到好奇，那么，在揭示悬念的同时，交易也自然会完成。

放稀缺光，利用客户担心错过的心理

"物以稀为贵，情因老更慈。"这是出自唐代著名诗人白居易的《小岁日喜谈氏外孙女孩满月》一诗中的名句，描写了一位老人初抱孙女的喜悦之情，诗中还写到"怀中有可抱，何必是男儿"，也就是说自己在离世之前能抱上外孙，管他是男孩还是女孩，有总比没有强。而物以稀为贵也是心理学中一个非常重要的原理，即稀缺原理。

制造短缺甚至是稀缺的假象，可以极大影响他人的行为。

稀缺产生价值，这也是黄金与普通金属价格有着天壤之别的原因。当一样东西非常稀少或开始变得稀少的时候，它就会变得更有价值。简单说就是"机会越少，价值就越高"。

从心理学的角度看，这反映了人们的一种深层的心理，因为稀缺，所以害怕失去，"可能会失去"的想法在人们的决策过程中发挥着重要的作用。经心理学家研究发现，在人们的心目中，害怕失去某种东西的想法对人们的激励作用通常比希望得到同等价值的东西的想法作用更大。这也是稀缺原理能够发挥作用的原因所在。

而在商业与销售方面，人们的这种心理表现尤为明显。例如商家总是会隔三差五地搞一些促销活动，打出"全场产品一律五折，仅售三天""于本店消费的前30名客户享受买一送一优惠"等标语，其直接结果是很多消费者听到这样的消息都会争先恐后地跑去抢购。为什么？因为在消费者心中，"机不可失，时不再来"对他们的心理刺激是最大的，商家利用的就是客户的这种担心错过的心理来吸引客户前来购买和消费。

夏季过去了大半，而某商场的仓库里却还积压着大量衬衫，如此下去，该季度的销售计划将无法完成，商场甚至会出现亏损。商场经理布拉斯心急如焚，他思虑良久，终于想出了一条对策，立即拟写了一则广告，并吩咐售货员道："未经我点头认可，不管是谁都只许买一件！"

不到5分钟，便有一个顾客无奈地走进经理办公室："经理，我想买衬衫，我家里人口很多。"

"哦，这样啊，这的确是个问题。"布拉斯眉头紧锁，沉吟半晌，过了好一会儿才像终于下定决心似的问顾客："您家里有多少人？您又准备买几件？"

"五个人，我想每人买一件。"

"那我看这样吧，我先给您三件，过两天假如公司再进货的话，您再来买另外两件，您看怎样？"

顾客不由得喜出望外，连声道谢。这位顾客刚一出门，另一位男顾客便怒气冲冲地闯进办公室大声嚷道："你们凭什么要限量出售衬衫？"

"根据市场的需求状况和我们公司的实际情况。"布拉斯毫无表情地回答着，"不过，假如您确实需要，我可以破例多给您两件。"

服装限量销售的消息不胫而走，不少人慌忙赶来抢购，以至于商场门口竟然排起了长队，要靠警察来维持秩序。傍晚，所有积压的衬衫被抢购一空，该季的销售任务超额完成。

物以稀为贵，东西越少越珍贵。在消费过程中，客户往往会因为商品的机会变少、数量变少，而争先恐后地去购买，害怕以后再也买不到。销售员要牢牢把握客户的这一心理，适当地对客户进行一些小小的刺激，以激发客户的购买欲望，使销售目标得以实现。

有一个客户走了很多商店都没有买到他需要的一个配件，当他略带疲惫又满怀希望地走进一家商店询问的时候，销售员否定的回答让他失望极了。销售员看出了客户急切的购买欲望，于是对客户说："或许在仓库或者其他地方还有这种没有卖掉的零部件，我可以帮您找找。但是它的价格可能会高一些，如果找到，您会按这个价格买下来吗？"客户连忙点头答应。

在销售活动中，稀缺原理无处不在，关键是如何应用才会达到销售目的甚至超出销售目标。最好的销售员无疑也是最能够把握客户心理的。

"独家销售"——别的地方买不到，可供选择的余地小；

"订购数量有限"——获得商品的机会稀缺，极有可能会买不到；

"仅售三天"——时间有限，一旦错过就不再有机会。

也就是说，销售人员设置的期限越彻底，其产品短缺的效果也就越明显，而引起的人们想要拥有的欲望也就越强烈。这在销售员进行产品销售的过程中是很有成效的。这些限制条件向客户传达的信息就是：除非现在就购买，否则要支付更多的成本，甚至根本就买不到。这无疑给客户施加了高压，使其在购买选择中被稀缺心理俘虏。

利用客户说过的话进行洽谈

客户对行销人员提供的产品不太满意，提出自己的设想时，要牢牢掌握客户提出的设想，提供可行的方案来促使洽谈成功。

一个销售员打电话给一位客户销售汽车。

客户："这部车颜色搭配不怎么样，我喜欢那种红黑比例配调的。"

销售员："我能为您找到一辆红黑比例配调的，怎么样？"

客户："我没有足够的现金，要是分期付款行吗？"

销售员："如果您同意我们的分期付款条件，这件事由我来经办，您同意吗？"

客户："哎呀，价格是不是太贵啦，我出不起那么多钱啊！"

销售员："您别急，我可以找我的老板谈一谈，看一看最低要多少钱，如果降到您认为合适的程度，您看行吗？"

这种方法的技巧就是牢牢掌握客户所说过的话，看似满足了客户，实际上是对客户的逃跑主义想法实行围追堵截，促使洽谈成功。

销售员："您是宋经理吗？我是A公司梦里水乡房产销售处的小王，上次您来看过楼盘，说要先想想，您现在考虑得怎样了？"（这句话，我们采用的是开放性问题法，让顾客说出自己的顾虑或愿望，然后有针对性地给予解决。）

客户："我们家商量了，考虑到有个3岁的孩子，很成问题。"

销售员："关于小孩托幼的事，对吗？"

客户："对，是的。"

销售员："宋经理，您看，梦里水乡在城北10公里处，不说小区内的各种配套社区服务，就是附近现有的6所幼儿园在设施及管理上都是一流的，您完全不用担心，只要是在本区内的住户，各幼儿园都有优惠政策。并且，不在本小区内上学的孩子，我们也有专车接送。"

……

客户："对，不过，小姐，这房子太贵了。"

销售员："是的，但要找到这样适合的户型也不容易，而且银行将为您提供抵押贷款，您只要首付30％，就可迁入新家了，余下的70％可分10年付清贷款，抵押利息为0.8％。宋经理，您和太太是下周一早上9点还是下午3点来看你们的新家？"

客户："这……就在早上吧。"

销售员："好的，宋经理，请您带上签约金一万元人民币，下周一早上9点我在售楼处门口等您。"

客户："好的，再见！"

销售员："再见！"

这位售楼小姐能促成这笔交易，就是顺着客户的心理进行围堵。既表达出了认同的心理，又将交易引向了自己希望的方向上去。表达同理心和赞美一样，在销售沟通中有些奇妙的作用。一位电话行销方面的专家经常会问他的学员："如果你的一个朋友来你们家串门，向你哭诉，说他的小孩子不听话，天天爬上爬下的，这不，又从楼上摔下来了，摔得脸都青了。这时，你会对你的朋友说什么？"而他大部分的学生都会说："现在的小孩子都是这样的。"这就是顺着客户表达同理心，让客户真正感觉被关注，促进交易的顺利进行。

用"推—推—拉"来谈判

在与客户谈判时，可以考虑使用"推—推—拉"的策略。在谈判中，你对对手有所取，便必须有所舍，即使是形式上、礼貌上的。

爱德："我公司的机器的品质和可靠性，都远远超过其他竞争的品牌，而且我公司每年都会开拓更大的市场。市场特别重要，因为机器的市场越大，销路越好，公司拥有越多训练有素的技术员，购买这种机器的公司获得技术帮助的机会也相应增多。"

客户："我知道你说的都是事实。"

爱德："噢，那您还有什么疑虑？"

客户："你们的产品确实不错，我是很想要那部机器，问题是太贵了，很少有人付得起啊！而且我现在的生意实在很糟，如果要这台昂贵机器的话，必须在生意增加时才能办到。"

爱德："正因为这款新机器的特点和便利，它能够利于做生意，能帮你把生意的现状改变过来。（停顿片刻）这些机器必须早四个月订货。除非你现在订货，不然在旺季的时候将收不到机器。我告诉你我将怎么处理。现在就向我订货，至少让我把你列入订货名单。如果你改变心意，我保证会归还你的头期款，纵使机器已经送给你也一样算数，你还是可以将其送回，不花你一分钱，如果你决定要的话，那么你在最需要它的时候，它便能发挥最大的功效。"

爱德毫不放松地谈论此机器的优点，让顾客插不上话。不过这只是他销售策略的第一阶段而已。销售策略的结尾不是在"推—推"阶段，而是在"拉"阶段。他问客户是什么让他们迟疑订购的呢？回答的绝大部分是金钱问题。客户解释如果他要买这款昂贵机器的话，必须在生意增加时才能办到。爱德回答说："正因为这新机器的特点和便利，它能够利于做生意。"他缓和地打出最后一击，然后离开推的方向。"这些机器必须早四个月订货。除非你现在订货……"

老练的渔夫懂得如何钓鱼。先抛钓线，鱼儿上钩之后，让鱼儿随钩先逃一下，有点缓冲时间，再加点压力，把鱼钓上来。销售谈判也一样，成功谈判的步调应该是"推—推—拉"，而绝不是硬邦邦的、气势汹汹的。

第十一章　投石问路，说好问好业绩好

换一下思路，多问少说促成交

如果我们想改变客户的购买模式，那我们就必须改变客户的思考方式，提出一些好的问题，能吸引客户的注意力，从而可以让我们牢牢掌握谈话的主动权。

被誉为中国台湾保险界"天皇"的叶明全先生是台湾国泰人寿保险公司的销售人员，他曾连续 18 年入选国泰人寿保险公司亿万俱乐部会员。

一天，叶明全打电话给一位拥有多家企业的董事长："我常听人说致富有七大法则：一、先让你的荷包胀起来；二、控制支出；三、让自己成为多金的人；四、守护财富，避免损失；五、寻找获利性的投资；六、保障未来生活无忧；七、增进你赚钱的能力。请问庄董事长，您对这种说法持什么样的观点？您本人的成功又是哪一点的最佳体现？"

这位董事长则饶有兴致地回答说："我想这个世界上最会经营和赚钱的人是犹太人，这七点大概也是犹太人赚钱策略的概括，我是非常认同的，我自己的成功应该归功于这七点的综合。"

"我还记得您办公室里悬挂着一幅苍劲有力的书画，上面写着：'真正有钱的人是无法计算家产的。'我也非常喜欢这句话。请问您对这句

话为什么如此钟爱呢？"

"这是保罗·盖提曾经说过的一句话。我一生以世界巨富船王奥纳西斯为追求对象和崇拜偶像。"

"是吧，您对奥纳西斯有了解，那太好了。正好我对奥纳西斯也有所研究，而且我还有一些关于奥纳西斯生平的珍贵资料，我想您一定会感兴趣。您看我什么时候过来拜访您，和您聊聊奥纳西斯。"叶明全说。

"那就明天吧！我很有兴趣见你。"董事长说。

这是一个非常成功的电话沟通，叶明全先生就是通过提问的方式来掌握谈话的主动权的。

还有一个例子：

销售人员："孙经理，您好！请问贵公司是不是通过电话销售来完成产品销售的？"

经理："是。"

销售人员："请问孙经理，您作为销售部的销售经理人，是不是非常关心公司每个月的销售业绩呢？"

经理："当然。"

销售人员："那么电话销售人员的电话沟通水平是不是会影响到他们的业绩呢？"

经理："是的。"

销售人员："为了提高他们的电话销售技巧，您觉得给他们提供专门的电话销售技巧培训，是不是会有一些帮助呢？"

经理："应该是有帮助的。"

销售人员："如果您打算为电话销售人员安排一次电话销售技巧培训，对授课培训师的要求是不是希望他不仅有扎实的理论水平，更重要的是还要有丰富的实践经验呢？"

经理："是的。"

销售人员："即使培训师的水平很高，但是您还是会担心培训后的实际效果，是吗？"

经理："是的。"

销售人员："如果我现在给您推荐一位培训师，他能够做到课程结束后学员的满意度率80％以上，而且贵公司的销售业绩也会明显上升，您会考虑引进吗？"

经理："请把你们的方案马上发给我。"

不难看出，销售人员不是使用常见的"说"来进行沟通的，而是成功地使用了一系列具有逻辑性的问题引导了客户的思路，使客户主动而且愉快地参与到与销售人员的沟通中。

设计问题，控制客户思维

刘明是某电脑公司的销售代表，他这次来拜访国税局李主任的目的主要是推销公司的服务器。

刘明："李主任，请问国税局的信息系统是怎么构架的？"

李主任："我们有办公系统和税务管理系统。税务管理系统是我们的业务系统，这次采购的服务器就是用于这套系统。"

刘明："我听说你们的办公系统使用得非常成功。我相信这次管理系统的建设也将会取得成功。您对这次计划采购的服务器有什么要求呢？"

李主任："这批服务器用于存储和计算税务的征收情况，所以最重要的就是服务器的可靠性。"

刘明："对。所有重要的数据都存储在服务器的硬盘内，数据的丢失将会带来很大的损失。您想怎样提高服务器的可靠性呢？"

李主任："首先，我们要采用双机系统，所以服务器要支持双机系统。其次，服务器的电源、风扇要有冗余。另外存储系统要采用磁盘阵列，支持 RAID5。"

刘明："您是倾向于使用内置的磁盘阵列，还是外置的磁盘阵列？"

李主任："外置的。外置的更可靠一些。"

刘明："这样，就有双保险了。您对于服务器还有其他的要求吗？"

李主任："处理能力。我们要求服务器至少配备两个 CPU，PCI 总线的带宽为 133 兆以上；I/O 系统采用 80 兆以上的 SCSI 系统。"

刘明："我们的产品满足这些要求都没有问题，您为什么需要这样的配置呢？"

李主任："我们的数据量增加很快，现在我们的服务器每秒钟需要处理 500 笔操作，我估计 3 年以后可能达到 1000 笔。我是根据现在服务器的处理能力估算出来的。"

刘明："噢。您希望服务器能够满足 3 年的要求？"

李主任："这是局长的要求。"

刘明："这个配置正好是现在的主流。除了可靠性和处理能力以外，其他的要求呢？"

李主任："服务也非常重要，我们要求厂家能在 24 小时内及时处理出现的问题。"

李明："对，服务非常重要，我们一直将客户服务作为最重要的指标。其他方面呢？"

李主任："没有了。"

刘明："让我总结一下。首先您希望服务器具备很好的可靠性，支持双机系统，冗余的电源和风扇，支持 RAID5 的磁盘阵列。其次，您对处理能力的要求是双 CPU，主频高于 800 兆，总线带宽大于 133 兆，I／O 速度大于 80 兆。另外，您还要求厂家能在 24 小时内及时处理故障，对吗？"

李主任："不错。"

两周之后，刘明为客户提供了符合要求的服务器。

可见推销员可以通过投石问路获得一些信息，包括客户是否了解你的谈话内容，客户对你的公司和你推销的产品有什么意见和要求，以及客户是否有购买的欲望。

在这个案例中，推销员刘明很好地充当了顾问的角色，在拜访李主任之前，刘明就进行了深入思考。要想拿下这个客户，就要了解其需求，于是他设计了一系列的问题，做好了充分的准备。

在与李主任交谈的过程中，刘明按照自己事先设计好的问题一步步提问，把客户的思维始终控制在自己的计划内。当他了解了客户的需求后，自然就能够为客户提供符合其需求的产品，让客户满意。

满足客户的需求就是满足自己的需求，因此，了解客户的需求是关系到交易是否能成功的首要工作。所以，如果你要成功，要获得更多的签单，你就必须善于巧妙地交谈。

针对需求提问，会让他感到受重视

迈克："格林先生，我是迈克，在分销服务公司工作。"

史蒂芬："非常抱歉，我不从分销商那里购买商品。我认为我们没有什么要谈的。"

迈克："史蒂芬先生，我知道您从直接销售商那里购买，但是既然我已经给您打通了电话，您是否介意告诉我一些事情？"

史蒂芬："你想知道什么呢？"

迈克："请问你是怎样处理在货架上滞留了很长一段时间的销售缓慢的商品？"

史蒂芬："没有发生这样事情。我只订购了我想要销售的商品。"

迈克："那客户退还的物品呢？"

史蒂芬："如果是有缺陷的物品，我们就再包装好返还给制造商。"

迈克："我猜想你们是通过邮件或电话来联系需要补充的存货，是吗？"

史蒂芬："是的。"

迈克："史蒂芬先生，你现在怎么样监管你的投资？"

史蒂芬："我一年进行一次全面的投资，一个月更改一次投资方案。当然，我每天也注意货价的情况。"

迈克："所有这些占用了你和你员工很多的时间吗？我的意思是订购、包装、从不同货源运来的货船上卸货和投资等等。"

史蒂芬："不完全符合实际情况。我们做了多年业务，仍然在经营。所以我认为业务运行不错。"

迈克："你曾经出现过因为没有客户想要的物品而错过营销的机会吗？"

史蒂芬："确实存在这样的情况，我想一段时间就会出现一次。每个人都会碰到这样的情况，不是吗？"

（史蒂芬先生回答的最后一个问题，使迈克怀疑"一段时间有一次"不符合实际情况，现实要比他所说的严重很多，降低了很多利润率。这可以看做是在间接表达需求，促使史蒂芬先生提出能够解决这一问题的可能性。）

迈克："史蒂芬先生，如果你的存货太多，使得资金周转不足而错过很多销售业务，并且如果你可以从一个货源每日订购货物（所有这些都需要你和你的员工付出劳动），你肯定想知道更多这方面的东西，是吗？"

史蒂芬："是的，我认为也是这样。"

（史蒂芬先生的最后陈述是解释问题的答案，可以看做一项协议。

这是史蒂芬先生和分销商营销人员之间关系的转折点。最后，他还是承认他想知道开展业务的更多可选方案。现在迈克会很自然地接着阐述利益并要求一个详谈的预约。）

迈克："史蒂芬先生，我们从其他与您相似的商店得出的经验显示，可以使用计算机控制系统来安排存货，这个系统确保手边的存货正好满足客户的需求。我们的计算机系统可以帮助您保留投资记录，确保您的供需的最佳平衡。如果一件商品的存货不足，我们会保证价格不变。这样做的结果是投资可以达到利润最大化，完全不会出现供货不足或存货过多。所有这些并不需要您和您的员工付出很多。我很高兴您的商店会在评价产品销售前景和利润预测上具有更多的优势。明天上午9点钟或者下午1点钟，我们能否坐在一起好好谈谈？"

史蒂芬："那就明天下午1点吧。"

开始销售前了解客户的需求非常重要。只有了解了客户的需求后，你可以根据需求的类别和大小判定眼前的客户是不是潜在客户，值不值得销售。如果不是自己的潜在客户，就应该考虑是否还有必要再谈下去。不了解客户的需求，好比在黑暗中走路，既白费力气又看不到结果。

潜能大师安东尼·罗宾说过："对成功者与不成功者最主要的判断依据是什么呢？一言以蔽之，那就是成功者善于提出好的问题，从而得到好的答案。"

通过恰当的提问，销售人员可以从客户那里了解更充分的信息，从而对客户的实际需求进行更准确的把握。当推销人员针对客户需求提出问题时，客户会感到自己是对方注意的中心，他（她）会在感到受关注、被尊重的同时更积极地参与到谈话中来。

主动提出问题可以使推销人员更好地控制谈判的细节以及今后与客户进行沟通的总体方向。那些经验丰富的推销人员总是能够利用有针对性的提问来逐步实现自己的推销目的，并且还可以通过巧妙的提问来获得继续与客户保持友好关系的机会。

要想做到有效提问，需要注意以下几点。

（1）先了解客户的需求层次，然后询问具体要求。了解客户的需求层次以后，就可以把提出的问题缩小到某个范围之内，从而易于了解客户的具体需求。如客户的需求层次仅处于低级阶段，即生理需要阶段，那么他对产品的关心多集中于经济耐用上。

（2）提问应表述明确，避免使用含糊不清或模棱两可的问句，以免让客户误解。

（3）提出的问题应尽量具体，做到有的放矢，切不可漫无边际、泛泛而谈。针对不同的客户提出不同的问题。

（4）提出的问题应突出重点。必须设计适当的问题，诱使客户谈论既定的问题，从中获取有价值的信息，把客户的注意力集中于他所希望解决的问题上，缩短成交距离。

（5）提出问题应全面考虑，迂回出击，切不可直言不讳，避免出语伤人。

（6）洽谈时用肯定句提问。在开始洽谈时用肯定的语气提出一个令客户感到惊讶的问题，是引起客户注意和兴趣的可靠办法。

（7）询问客户时要从一般性的事情开始，然后慢慢深入下去。

不用"说"来会谈，而用问题来引导

林强："早上好，王总，很高兴见到您。"

准顾客："你好，有什么事吗？"

林强："王总，我是华夏公司的林强，我今天特意来拜访您，是因为我看到了《机械工业》杂志上有一篇关于您公司所在行业的报道。"

准顾客："是吗？都说了些什么呀？"

林强："这篇文章谈到您所在的挖掘机行业将会有巨大的市场增长，预计全年增长幅度为30%，市场总规模将达到50亿，这对您这样的领头羊企业应是一个好消息吧？"

准顾客："是啊，前几年市场一直不太好，这两年由于西部大开发，国家加强基础设施建设，加大固定资产投资，所以情况还不错。"

林强："王总，在这样市场需求增长的情况下，公司内部研发生产的压力应该不小吧？"

准顾客："是啊，我们研发部、生产部都快忙死了。"

林强："是吗？那真是不容易啊。王总，我注意到贵公司打出了招聘生产人员的广告，是不是就是为了解决生产紧张的问题呢？"

准顾客："是啊，不招人忙不过来啊。"

林强："确实是这样。那王总，相对于行业平均水平的制造效率——每人5台而言，您公司目前的人均制造效率是高一些还是低一些？"

准顾客："差不多，大概也就人均5-6台。"

林强："那目前使用的制造设备的生产潜力有没有提升的空间呢？"

准顾客："比较难。而且耗油率还很高呢。"

林强："那您使用的是什么品牌的设备呢？国产的还是进口的啊？"

准顾客："……"

结果：谈话一直继续，顾客对销售代表即将推出的产品充满了期待。

任何一个推销员在与客户面谈之前都应该做好充分的准备工作，精心设计向客户提出的问题是其中最重要的一环。尤其是在首次拜访时，为了使交易继续下去，推销员应仔细考虑一系列周密计划，通过问题来控制会谈的节奏，保持对话的顺畅进行。

在这个案例中，推销员不是使用常见的"说"来进行会谈，而是成功地使用了一系列具有逻辑性的问题引导了客户的思路，使客户主动而且愉快地参与到会谈中。

我们可以看到，他一开始并未介绍自己的产品，而是说："我今天特意来拜访您，是因为我看到了《机械工业》杂志上有一篇关于您公司所在行业的报道"，这句话显然是推销员事先精心设计好的，目的在于化解客户对推销员的警惕心理，引起客户的好奇心。果然，正如推销员所料，谈话顺着他设计的思路进行下去，从行业的发展谈到客户的目标、目前的问题等，随着话题的逐步打开，使客户逐渐放松对推销员的防范，转而进行深入的理性思考。

当然，提问不是万能的，尽管提问在销售过程中尤其是在大生意的销售过程中起着越来越重要的作用，但只有经过精心设计的正确的提问才能实现更多的销售。因此，推销员在设计问题时要注意：

第一，提出的问题要能引起对方的注意，并能引导对方的思考方向。

第二，提出的问题要能获得自己所需要的信息反馈。

第三，提问要以顾客为中心，这样才容易受顾客欢迎，赢得顾客的信赖。

询问后，注意倾听

好的医生在医疗之前一定会问病人许多问题。譬如，医生会问："您什么时候开始感到背部疼痛？那时您正在做什么？吃了什么东西？摸您这个地方会痛吗？躺下来会痛吗？爬楼梯的时候会痛吗……"这些问话使病人觉得受到了医生的关心和重视，也使病人跟医生密切配合，让医生迅速找到病源而对症下药。能够扮演好角色，使客户愿意密切配合，进而迅速发觉客户真正的需要而适时地给予满足的，才是一位成功的销售人员。

询问在专业销售技巧上扮演极重要的角色，你不但能利用询问的技巧获取所需的情报，确认客户的需求，还能引导客户谈话的主题。询问是沟通时最重要的手段之一，它能促使客户在表达意见时产生参与感。

当然，提问也是有一定技巧的：

（1）你可以用"谁、什么、哪里、什么时候、为什么、如何"等一些词开始你的问题。

（2）使用确定性问题。如前所论，这些问题可以确认一般情况。另外，还可以用确定性问题促使迟疑的客户讲话。许多情况下他们要说几遍"是"或"不是"，这样他们也就放松下来了。

我们在与客户交流时，往往会发现客户没有说出他们的心里话，这就需要业务员进行分析判断之后才能明白客户真正的需求和抗拒，以及目的，这样我们才能为客户提出解决方案。因此我们就要努力地听出他话语的内涵是什么，外延是什么，真正的意义是什么。

我们要想真正理解通话对方的讲话含义，可以通过以下几种途径：

（1）用你自己的话重新表述一下你理解的含义，让潜在客户检查正误。

（2）当你不同意潜在客户的观点但又必须接受其决定时，你需要格外认真地听他讲话。通常这样做才会知道自己应该在何时表示质疑。

（3）如果你发现被告知的某些事情会令你感到兴奋不已，这时，你要提醒自己是否由于在理解上出现问题，而事实却并非如此。

（4）如果你对潜在客户的某些讲话内容感到厌烦，这时你要尤其注意：一些很重要的事实可能会被错过，也许你只得到部分信息，因此你可能并不完全懂得对方究竟讲了什么。

（5）即使是你以前已听过的信息，仍然要继续认真地听下去，"温故而知新"，不会有错的。

总之，在与客户进行沟通时，我们需要提出很专业的、很得体的引导性问题，帮助客户解决遇到的问题，同时帮助自己获得更加详细的客户信息，最终锁定客户真正的需求，得到自己需要的结果。

用积极的提问来打动客户的心

吴涛是一名家用电器的推销员，一天一对夫妇来到家电区打算看一下电冰箱，吴涛以亲切的态度作了适当说明后，发现他们似乎有购买意向，于是她便抓住时机发动热情攻势。

"先生家里有几口人？"丈夫回答说有 5 口人。

吴涛又转过身来问太太："太太是隔日买菜呢，还是每天都上市场去买？"太太笑而未答，吴涛并未放弃，继续热情地为这位太太做了个"选择答案"。

"听说有人一星期买一次，有人 3 天买一次，他们认为 3 天买一次，菜色不会有变化。太太您喜欢哪一种买法呢？"

太太终于回答说："我想 3 天买一次更好些。"

"家里常来客人吗？"

"有时候。"

"在冰箱里储存些食品，既可以保鲜，又可以应付突来的客人啊。"

这时丈夫蹲下来查看冰箱的下方放啤酒的地方，估算着可以放多少瓶啤酒。吴涛马上说："先生，听说爱喝啤酒的人是这样的，一次买上一打。这样的天气，每天晚上下班回家享受一瓶冰镇啤酒，嘿，男人们的福气可真好哦！"

吴涛又问太太："太太，您看这个可以容纳 3 天的鱼肉蔬菜吗？"

"可以，可以，刚刚好。"

"你看这个小点的够不够？"

"不行吧。"

"太太，您打算把冰箱放在什么地方？是客厅里还是厨房里？"

"厨房太小了，没有空间。"

"是啊！我也这么想。"

吴涛又继续为这对夫妇勾勒了一幅动人美景：夏天的冰镇啤酒、西瓜、汽水、软包装饮料，解暑可口。就是冬天的冰淇淋也别有一番风味，更不要说随时取出青嫩的蔬菜和新鲜的鱼肉了。尤其是用上电冰箱可以节约买菜的时间，也可以省下不少的菜钱，还可以从容不迫地招待那些突然登门的客人，真是一举数得啊！

紧接着，吴涛又问："先生住在哪儿？离这儿远吗？"

"不太远，就在附近。"

"那么是马上送到府上，还是明天一早给您送去好呢？如果今天送去，明天就可以放进很多新鲜蔬菜和鱼肉啦！"

太太："还是明天吧。我们要先空出地方来。"

就这样，吴涛成功地卖出了一台冰箱。

与客户交谈时，推销员应该多提一些内容积极、肯定的、让客户增强对产品信心的问题，以促使他下决心购买。这个案例中的推销员吴涛就是善用此法的高手。

开始时吴涛只是简单介绍了一下，发现对方有购买意图后，才进行下一步。

吴涛开始积极发问，善于提问也是一种技能，从家里的人口，到买菜的规律，看似随意却是事先精心设计好的。当吴涛留意到男客户查看放啤酒的地方，她马上借题发挥"先生，听说……"。在快要结束谈话时，推销员又为这对夫妇勾勒了一幅美景：夏天的冰镇啤酒……真是一举数得啊！显然这段话已完全打动了客户的心。

最后推销员询问顾客的住址，其实她此时的问话并非真想了解这对夫妇离商场的距离，而是把推销引向了一个新的目标阶段——要把货送到客户家里。果然，她顺理成章地实现了成交。作为推销高手，只有熟练掌握积极发问这种技能，才能获得良好的销售业绩。

得当的发问，对方才会说出你想要的答案

我们在进行销售的过程中，与顾客交流时所要取得的首要信息就是顾客的需求，从而迅速揣测与该客户达成交易的可能性。在面对这一问题时，我们不少销售员常常习惯于凭借自己的经验主观判断所面对的客户，最终却可能因错误地判断客户的需求与偏好，而丧失交易机会。

有销售大师总结，要想获得顾客需求信息最好的方式就是提问。提问是发现需求的好方法，销售员要想评估新顾客是否存在销售机会，以及他们的购买动机是什么等，都需要通过恰当的提问来完成。

《圣经》上说："你问就会得到回答。"但并不是所有的提问都会得到你预期的回答。要想得到你需要的回答，还需要提升你提问的技巧。得当的提问可以帮助你处理好与顾客的交易，推动销售的进程，但是如果运用得不好，也可能破坏会谈。太多的问题容易让顾客感到被信息塞满了头脑，过于咄咄逼人的问题也会让客户感到像在受审。

因此，要成为成功的销售员，必须学会如何设计你的提问，让巧妙的提问有效地帮助你洞察消费者的需求，获得对你有利的信息。同时，我们也应当注意避免不当的提问给销售带来不必要的麻烦。以下这则真实案例或许能帮助我们理解适当提问的意义：

顾客："你们还有同类产品吗？"

销售员："当然有！"（兴奋不已，心想成交了。）

顾客："有多少？"

销售员："多得很，因为大家都喜欢买这种机型。"

顾客："太可惜了，我喜欢独一无二的产品。"

这就是不合适的提问带来的负面效果。

那么，我们若是在实际销售中遇到这一情况，应当如何进行适当的提问呢？

顾客："你们还有同类产品吗？"

销售员："您为什么会问这个问题呢？"

顾客："我想知道你们到底有多少同类产品。"

销售员："这样啊，您为什么会关心这个问题呢？"

顾客："我喜欢独一无二的产品。"

在合适的提问下，销售员获得了关于顾客需求的准确信息，这样也就能够灵活处理问题，采取相应办法回应。

再比如，当顾客提出"价格太高"时，销售员常见的反应往往是"价格是高了点，不过当你考虑其他优点时，真的会发现价格其实很合理"。但如果试试用恰当的提问来代替，你或许会收到不一样的效果：

顾客："价格太高了。"

销售员："所以呢？"

顾客："所以我们得说服公司，要先得到某些人的支持……"

很多你觉得难以回答的问题，可以试着换过来问问顾客，"你觉得解决这个问题最好的处理方式是什么？"让顾客自己解决自己提出的问题，这会比你通过揣测其心思而做出的解答更为中其下怀。

你是否已经恍然大悟，原来在与客户的交流中，提问是如此高明的一计。但要设计出成功的提问，还有几个方面必须注意：

（1）记住用提问为自己争取控制权。只要不犯错误，提问会使你处于强势，建立你在销售说服中的主动权与控制权。无论提问使你感到多么的拘谨，但要想推动你所进行的销售交流，不要忘记适时让"提问"来帮忙。

（2）通过提问来回答问题。顾客常常会提出一些难以回答的问题，通过反问我们常常可以巧妙地化险为夷，把问题还给顾客，同时获取更多的有力信息。例如，当顾客问"你的产品有什么其他产品不具备的优势吗"，你不用直接解释产品的特征和长处，而可以问他："你对我们的产品很熟悉吗？"通过这个问题，你能了解他仅仅是想了解更多信息，还是在挑战你的方案，这将指引你做出相应的回答。

（3）提问后适当保持沉默。如果你希望对方很快地回答问题，在你主动提问后，最好立刻住口。有心理分析，交谈中的短暂沉默会创造一种自然真空，这种真空会自动把责任放在回答问题的人身上。或许大多数的销售员对于交谈中的沉默觉得非常不舒服，而习惯于主动打破沉默。但你必须要克制这种情绪，记住如果你不打破沉默的话，你的顾客将提供给你有价值的信息。

不断的质疑，让对方露出底牌

商业谈判中，有时对方会故意示好，甚至示弱。遇到这种情况，我们就需要采用必要的交谈方式，才能探听出对方的真实意图。

我们来看下面这位销售员乙是怎么做的：

甲："其实您应该能够看出我方的诚意，我们之所以想跟您合作是因为贵公司的实力以及业界的声誉，所以，您就不能再考虑一下？"

乙："考虑什么？通过什么考虑？只是因为贵方的诚意？商业交易，产品质量得有保证，贵方有过硬的资本吗？"

甲："当然有啊。"

说着，甲顺手拿出一打资料。

"您看，这是我们给上家企业提供的产品，以及他们对产品做出的评价。方同公司您知道吗？这家公司还是不错的。"

乙一听，脸色突然变得不好。

"方同公司？就是你们给他们提供的商品？"

"是啊，您听说过？那就更好办了？"

"是更好办了。现在我可以郑重的跟你说，谈判到此就可以结束了。知道你们把方同害惨了吗？产品质量不达标，外观老旧，一到货就长时间积压，根本卖不出去，这就是你们提供的优良服务？你们的诚意？"

"不会吧，您可能是搞错了。"甲有些慌张，"噢，是我拿错了材料，我马上让人拿对的来，马上就好。"甲似乎更加忐忑。

"可笑！你们是不是也想通过我们在业界的声誉，先把和我们合作的风声透露出去，扩大自己的影响，得名又得利啊？"

"没有，没有，我们根本没这种想法。"

"没给我看资料之前，我真的犹豫不决，你说的真是太好了。又可以让利又可以提供各种优惠服务，这不是天上掉馅饼吗？看了资料我明白了，你是想让我们再成为那个倒霉蛋啊。骗人怎么也不学聪明点，把资料改改呢？"

"没有，没有，您真的误会了，我现在就给公司打电话核实，肯定是有人搞错了。"

"不必了，就这样了。"

商业谈判中，如果一方故意示好，一般有两种可能：一是对方实力确实较弱，需要用这种讨好的方式赢得另一方的青睐；二是这是对方的幌子，想借此麻痹另一方获取商业利益。故事中的甲就属于后者。

最开始，乙还没看出对方的真面目，但他一直在用反诘询问对方。用反诘本身就表明乙对甲有些不信任，他想用略带质询的方式让对方自己说出自己的不足。甲虽还适时遮掩，却在不经意间说出方同公司的事。此事暴露，乙就更有资本质疑对方，也由此看出了对方的真秉性：先通过笑言善变获得对方的信任，签订合同后，再以次充好，达到损人利己的卑鄙商业目的。

被乙看穿后，甲局促不安，甚至语无伦次。本想通过一贯的伎俩欺骗对方，怎想到耐不过对方一个又一个的问题，终将真话讲出，露出马脚。

反诘就是这样，通过不断的质疑，将问题点指向对方，使其处于一种难堪的困窘状态，在不断扩大本方需求与对方供给能力差距的同时，逼对方量出自己的老底，行与不行，就在此刻的评估。

同时，对比的也方式可达到反诘的效果。即拿另一方的实力或者措施与谈判方相比较，在比较中让对方认识到自己的差距，放弃先前不切实际的想法。比如：

"我们公司的产品非常好，还是订购我们的吧？"

"是吗？跟这个行业前十名的公司相比，你们的实力怎么样？产品质量比的过吗？"

这样一问，对方就会在自知没有足够资本的情况下，乖乖地闭上嘴巴，收敛起来。

所以，无论是在谈判桌上还是辩论席上，学会用反诘的"诡计"，你与对手的交锋中就可能占据优势，尽早使胜局向本方偏移。

第十二章 打开心防，在攻防中完胜

用共同话题摆出谈话的"引子"

"把话题拉得越近越好"，这是推销成功的一大秘诀。为什么？推销通常是以商谈的方式来进行，但是如果有机会观察销售人员和客户在对话时的情形，就会发现这样的方式太过严肃了。这就需要用共同话题提出谈话的"引子"。

让人感兴趣的话题，往往使人打开心防，滔滔不绝，陶醉其中，时间再长他们还是乐此不疲地谈下去，有时还可看出他们眼中闪烁的光芒，由此可知他们的投机程度以及爱好程度。这就是所谓为何总有人一拍即合、趣味相投、默契十足，一副相见恨晚的感觉，一聊话匣子就打开了，欲罢不能。而有些人怎么讲也是牛头不对马嘴，没什么共鸣，感觉彼此没什么好聊的，这就是因为谈话的"引子"不能吸引人的缘故。

对话之中如果没有趣味性、共通性是行不通的，而且通常都是由销售人员迎合客户。倘若客户对销售人员的话题没有一点点兴趣的话，彼此的对话就会变得索然无味。销售人员为了要和客户之间培养良好的人际关系，最好尽早找出共同的话题，在打算推销之前先收集有关的情报，尤其是在推销时，事前的准备工作一定要做得充分。

与客户找到共同话题的关键是在于客户感兴趣的东西，销售人员多多少少都要懂一些。要做到这一点必须靠长年的积累，而且必须靠不懈地努力来充实自己。

日本著名的推销专家原一平为了应付各样的准客户，所以选定每星期六下午到图书馆苦读。他研修的范围极广，上至时事、文学、经济，下至家庭电器、烟斗制造、木屐修理，几乎无所不学。这样一来，当他去拜访客户时，就会很容易找到共同话题作为谈话的"引子"，推销的过程中，为了有一个共同话题作为引子，我们应试着找出对方的价值观以及感兴趣的话题，若莽撞地提一些对方不认同的意见，必定不会成功的。

话题必须引起共鸣才有继续谈下去的可能性。例如，最近某家信用卡的广告前提是："××信用卡可以补偿另一半的心。"内容是这样的：用某信用卡购买礼物给另一半时，在意外情况下损坏可以要求信用卡中心赔偿。这是一个很好的前提，大家对这个赔偿条约很满意，感觉有保障，自然就会去询问相关事宜。换句话说，如果这个前提无法吸引某些人，他们可能就不会去关心这个问题了。

保险人员切勿在电话开发客户的开始，就要求其参加保险，而要在拜访前先用电话沟通，敏锐地了解对方所感兴趣的话题是什么，先切入为主，让对方觉得你不是一般市侩的保险人，而是感觉"投保与否你不在乎""你和他真是千载难逢的知己"，谈话非常投机，交个朋友比有无投保重要多了。先谈一些吸引他的话题，做朋友之后，再找时间拜访，慢慢谈心然后切入主题——拉保险，你的使命。

当你通过"引子"把话题拉到你所要推销的商品上来时，如果客户承认他们的确缺少这种商品时，你完全可以借题发挥，促使他与你达成交易。这样一个开头，至少可以为自己赢得一次商谈的机会，避免客户说出一句"不要"就把你挡在门外。

做好寒暄问候，注重推销对话

推销过程中有几个环节很关键，做好这些关键环节以后，你也能做得很好，轻松掌握推销语言魅力就不再遥远。在推销过程中的谈话，有些属于较为正式的，其言语本身就是信息；也有些属于非正式的，言语本身未必有什么真正的含义，这种交谈只不过是一种礼节上或感情上的互酬互通而已。例如我们日常生活见面时的问候以及在一些社交、聚会中相互引荐时的寒暄之类。当你与客户相遇时，会很自然地问候道，"你好啊！""近来工作忙吗，身体怎样？""饭吃过了吗？"此时对方也会相应地回答和应酬几句。这些话常常没有特定的意思，只是表明，我看见了你，我们是相识的，我们是有联系的，仅此而已。

寒暄，既然是非正式的交谈，所以在理解客户的话语时，不必仔细地回味对方一句问候语的字面含义。现实生活中，常常由于对别人的一些一般的礼节性问候作出错误的归因，而误解对方的意思。不同民族背景的人，就更易发生这种误解。比如中国人见面喜欢问"饭吃过了吗"，说这句话的人也许根本没有想过请对方吃饭。但对一个不懂得这句话是一般问候语的外国人而言，就可能误以为你想请他共餐，结果会使你很尴尬。两个人见面，一方称赞另一方，"你气色不错""你这件衣服真漂亮"，这是在表示一种友好的态度，期望产生相悦之感。在中国人之间，彼此谦让一番，表示不敢接受对方的恭维，这也是相互能理解的。但是对一个外国人来说，可能会因你的过分推让而感到不快，因为这意味着你在拒绝他的友好表示。

寒暄本身不正面表达特定的意思，但它却是在任何推销场合和人际交往中不可缺少的。在推销活动中，寒暄能使不相识的人相互认识，使不熟悉的人相互熟悉，使单调的气氛活跃起来。你与客户初次会见，开始会感到不自然，无话可说，这时彼此都会找到一些似乎无关紧要的"闲话"聊起来。闲话不闲，通过几句寒暄，对方打开了心防，交往气氛形成，彼此就可以正式敞开交谈了。所以寒暄既是希望交往的表示，也是打开对方心理防备的关键。

寒暄的内容似乎没有特定限制，别人也不会当真对待，但不能不与推销的环境和对象的特点互相协调，正所谓"到什么山上唱什么歌"。古人相见时，常说"久闻大名，如雷贯耳"，今天谁再如此问候，就会令人感到滑稽。外国人常说的"见到你十分荣幸"之类的客套话，中国人也不常说。我们在推销开始时的寒暄与问候，自然也应适合不同的情况，使人听来不觉突兀和难以接受，更不能使人觉得你言不由衷，虚情假意。

除了问候和寒暄之外，还要注重推销中的对话。

作为推销场合的谈话，既不同于一个人单独时的自说自话，也不同于当众演讲，而是推销双方构成的听与讲相配合的对话。对话的本质并非在于你一句我一句的轮流说话，而在于相互之间的呼应。

瑞士著名心理学家皮亚杰把儿童的交谈方式分为两种，一种是当一个儿童进行社交性交谈时，这个孩子是在对听者讲话，他很注意自己所说的观点，试图影响对方或者说实际上是同对方交换看法，这就是一种对话的方式。另一种，作为儿童的自我中心式的谈话时，孩子并不想知道是对谁讲话，也不想知道是不是有人在听他讲。他或是对他自己讲话，或者是为了同刚好在那里的任何人发生联系而感到高兴。七岁以下的儿童就常沉溺于这种自说自话，且看两位四岁的儿童是怎样交谈的：

汤姆："今晚我们吃什么？"

约翰："圣诞节快到了。"

汤姆："吃烧饼和咖啡就不错了。"

约翰："我得马上到商店买电子玩具。"

汤姆："我真喜欢吃巧克力。"

约翰："我要买些糖果和一双皮鞋。"

这与其说是两人在对话，倒不如说是被打断了的双人独白。在推销双方的交谈中，有时也会出现这种现象。有的人习惯于喋喋不休急于要把自己心中所想的事情倾吐出来，而不大顾及对方在想什么和说什么，以至于对方只能等他停下来喘口气时才有机会插进几句话。如果推销双方都是各顾各地抢着说话，那么真正听进对方的话都很少，花了许多都是白白的无效劳动罢了。

真正的推销对话，应该是相互应答的过程，自己的每一句话应当是对方上一句话的继续。对客户的每句话作出反应，并能在自己的说话中适当引用和重复。这样，彼此间就会取得真正的沟通。

在推销过程中，要挑选客户最感兴趣的主题，假如你要说有关改进推销效率的问题或要把某项计划介绍给某公司董事会，那你就要强调它所带来的实际利益；你要对某项任务的执行者进行劝说，就要着重讲怎样才能使他们的工作更为便利。必须懂得每个客户的想法都一样，他们总希望从谈判桌上能得到什么好处。

谈话时淡化功利性，销售自然水到渠成

托马斯是一位保险经纪人，高尔夫球是他最喜欢的娱乐之一，在打高尔夫球时，总能得到彻底放松。在上大学期间，托马斯是格罗斯高尔夫球队的队长。虽然如此，但他的首要原则就是在打高尔夫时不谈生意，尽管接触的一些极好的客户事实上就是他所在的乡村俱乐部的会员。托马斯习惯于把个人生活与生意区分开来，他绝不希望人们认为他利用关系来推销。也就是说，在离开办公室后，托马斯不会把个人的娱乐与生意搅在一起。

托马斯这样做并不是说所有的高尔夫球伴都不是他的客户，只是说他从不积极地怂恿他们同他做生意。但从另一个角度来讲，当他们真心要谈生意时，托马斯也从不拒绝他们。

吉米是一家建筑公司的经理，该公司很大而且能独自提供用于汽车和家具的弹簧。

托马斯与吉米在俱乐部玩高尔夫球双人赛。他们在一轮轮比赛中玩得很高兴。后来，过了一段时间，他们就经常在一起玩了。他们俩球技不相上下，年龄相仿，兴趣相投，尤其在运动方面。随着时间的推移，他们的友谊逐渐加深。

很显然吉米是位再好不过的潜在顾客。既然吉米是位成功的商人，那么跟他谈论生意也就没有什么不正常。然而，托马斯从未向吉米建议做他的证券经纪人。因为，那样就违背了托马斯的原则。

托马斯和吉米有时讨论一些有关某个公司某个行业的问题。有时，吉米还想知道托马斯对证券市场的总体观点。虽然从不回避回答这些问题，但托马斯也从未表示非要为他开个户头不可。

吉米总是时不时地要托马斯给他一份报告，或者他会问："你能帮我看看佩思尼·韦伯的分析吗？"托马斯总是很乐意地照办。

一天，在晴朗的蓝天下，吉米把手放在托马斯肩膀上说："托马斯，你帮了我不少忙，我也知道你在你那行干得很出色。但你从未提出让我成为你的客户。"

"是的，吉米，我从未想过。"

"那么，托马斯，现在告诉你我要做什么，"他温和地说，"我要在你那儿开个账户。"托马斯笑着让他继续说下去。

"托马斯，就我所知，你有良好的信誉。就以你从未劝我做你的客户这点来看，你很值得我敬佩，实际上我也基本遵守这一点。我同样不愿意与朋友在生意上有往来。现在既然我这样说了，我希望你能做我

181

的证券经纪人，好吗？"

接下来的星期一上午，吉米在办公室给托马斯来电话开了个账户。随后，吉米成了托马斯最大的客户。他还介绍了几个家庭成员和生意往来的人，让他们也成了托马斯的客户。

作为一个优秀的推销员，应该了解何时该"温和地推销"，何时该默默地走开。富裕的人总是对他人保持提防的态度，对于这些极有潜力的未来客户，推销员应该尽力接近他们而不是让他们从一开始就抱有戒心，相互信任是关系营销的最高境界。

就像这个案例中的推销员托马斯，喜欢打高尔夫球，也因此结识了很多有实力的客户，但他并没有利用这个机会去推销，而是把个人娱乐和生意分开，与球伴建立了很好的关系，这是建立信任、赢得客户好感的一种典型策略，它也常常能取得非常好的效果。托马斯赢得了与他一起打球的某公司的总经理吉米的敬佩，对方主动要求与他做生意，于是，吉米成了托马斯最大的客户。

这桩看似轻而易举的生意，其实是与客户长期接触，赢得客户的信任与尊重而获得的。这其中，与潜在客户长期接触时的言谈尤其重要，不能流露出功利心，这也是托马斯取得成功的关键。

可见，强硬推销的结果必是遭到拒绝，而经过一段时间发展得来的关系会更长久。作为推销员，不妨借鉴一下托马斯的做法，先取得潜在客户的信任，生意自然水到渠成。

在倾听中引导，把客户心门打开

高珊是一名自然食品公司的推销员。虽然自然食品已风行好长一段时间，但一般家庭对这种产品仍认识不清，不敢贸然购买，这使高珊的业绩始终不见好转。

一天，高珊还是一如往常，登门拜访客户。当她把芦荟精的功能、效用告诉客户后，对方同样表示没有多大兴趣。高珊心想："今天又要无功而返了。"当她准备向对方告辞时，突然看到阳台上摆着一盆美丽的盆栽，上面种着紫色的植物。于是，高珊好奇地请教对方说：

"好漂亮的盆栽啊！平常似乎很少见到。"

"确实很罕见。这种植物叫嘉德里亚，属于兰花的一种，它的美，在于那种优雅的风情。"

"的确如此。一定很贵吧？"

"当然了，这盆盆栽要800元呢！"

"什么？ 800元……"

高珊心里想："芦荟精也是800元，大概有希望成交。"于是她开始有意识地把话题转入重点。

"每天都要浇水吗？"

"是的，每天都要细心养育。"

"那么，这盆花也算是家中的一分子喽？"

这位家庭主妇觉得高珊真是有心人，于是开始倾其所知传授所有关于兰花的学问，而高珊也聚精会神地听，并思考着如何通过兰花说服这位主妇购买自己的产品。

等客户谈得差不多了，高珊趁机把刚才心里所想的事情提出来："太太，您这么喜欢兰花，一定对植物很有研究。您是一个高雅的人，同时您肯定也知道植物带给人类的种种好处，比如能带给您温馨、健康和喜悦。我们的自然食品正是从植物里提取的精华，是纯粹的绿色食品。太太，今天就当做买一盆兰花，把自然食品买下来吧！"

结果这位太太竟爽快地答应了。她一边打开钱包，一边还说："即使我丈夫，也不愿听我絮絮叨叨讲这么多，而你却愿意听我说，甚至能够理解我这番话，希望改天再来听我谈兰花，好吗？"

这次成功的推销经历，让高珊受益匪浅，她把这个经验运用到以后的推销工作中，果然，业绩慢慢好转了。

沟通技能是一项非常重要的销售技能。沟通中最重要的不是察言观色，也不是善辩口才，而是许多推销员可能都知道的答案——倾听。也就是说，一个优秀的推销员不光要会说话，而且还要会听话。

良好的倾听技巧，可以帮助推销员解决推销中的许多实际问题。可以肯定地说，对于成功的推销，倾听所起的作用绝不亚于陈述与提问。通过倾听，可以向客户表明：推销员十分尊重他们的需求，并正在努力满足他们的需求。

就像案例中的自然食品推销员高珊，在采用常规方法向客户推销产品未取得成效时，及时以一句"好漂亮的盆栽啊！平常似乎很少见到"，让客户心门大开，向她讲述了很多关于兰花的学问，而高珊只是充当了一名听众，并在适当的时候把话题从兰花引导到自己的产品上，从而成功地销售出了产品。

通过耐心倾听对方的谈话，这样在无形中就能提高对方的自尊心，加深彼此的感情，为推销成功创造和谐融洽的气氛。因此，推销员一定要提高自己善于倾听的能力，不但要认真听，还要学会怎样听，并在听的过程中，巧妙地引导，这样客户终会爽快地买下你的产品。

熟人"搭桥"，消除客户的防范心理

通过"第三者"这个"桥梁"过渡，更容易展开话题。因为有"朋友介绍"这种关系，就会在无形中消除客户的不安全感，解除他的警惕，容易与客户建立信任关系。下面我们看看赵明是如何利用这个策略来进行销售的：

赵明："李先生，您好，我是保险公司的顾问。昨天看到有关您

的新闻，所以，找到台里的客户，得到您的电话。我觉得凭借我的专业特长，应该可以帮上您。"

李先生："你是谁？你怎么知道我的电话号码？"

赵明："××保险，您听说过吗？昨天新闻里说您遇到一起交通意外，幸好没事了。不过，如果您现在有一些身体不适的话，看我是不是可以帮您一个忙。"

李先生："到底是谁给你的电话呢？你又怎么可以帮我呢？"

赵明："是我的客户，也是您的同事王娟，你们一起主持过节目。她说您好像有一点不舒服。我们公司对您这样的特殊职业有一个比较好的综合服务，我可以为您安排一个半年免费的服务。如果这次意外之前就有这个服务的话，您现在应该可以得到一些补偿。您看您什么时候方便，我把相关服务的说明资料给您送过来。"

李先生："哦，是小娟给你的电话啊。不过，我现在的确时间很紧，这个星期都要录节目。"

赵明："没有关系，下周一我还要到台里，还有您的两位同事也要我送过去详细的说明。如果您在，就正好一起；如果您忙，我们再找时间也行。"

李先生："你下周过来找谁？"

赵明："一个是你们这个节目的制片，一个是另一个栏目的主持。"

李先生："周一我们会一起做节目，那时我也在。你把刚才说的那个什么服务的说明一起带过来吧。"

赵明："那好，我现在就先为您申请一下，再占用您5分钟，有8个问题我现在必须替您填表。我问您答，好吗？"

随后，就是详细的资料填写。等到周一面谈时，赵明成功地与李先生签了一年的保险合约。

在故事中，我们看到赵明在接通潜在客户李先生的电话、自报家门后，李先生的防范心理是显而易见的，这时候，如果销售员不能及时消除客户的这种心理，客户就很有可能会马上结束电话。但是赵明是一个非常聪明的销售员，他在打电话之前就已经做了充分的调查和准备，并事先想好了用李先生的熟人来"搭桥"的策略，早已经制定了详细的谈话步骤。

在接到潜在客户警惕性的信号后，赵明先以对方遇到一起交通意外，可以为其提供帮助为由，初步淡化了客户的警惕心理；然后，又借助李先生同事小娟的关系彻底化解了对方的防范心理，取得了潜在客户的信任，成功地得到了李先生的资料以及一年的保险和约。

可见，销售员在准备与潜在客户接触前，一定要有所准备，先设计好诡计，然后再按诡计的步骤缓缓推进，特别是要善于利用第三者——潜在客户周围的人的影响力，这是获得潜在客户信任最有效的方法。毕竟，客户可能会防范陌生的你，却很少有防范身边熟人的道理。

通过第三者的言谈传达自己的愿望

在很多时候，为了说服客户，如果只靠我们个人的人力、财力、物力会十分困难，但是如果巧借第三者的言语或威信，那事情就会变得很好办了。

有一推销员为了推销吸尘器，他知道某公司的经理与某局长是老相识，便打听到经理的住处，提着一袋水果前去拜访，非常巧妙地说了几句这样的话：

"这次能找到你家，是得到了王局长的介绍，他还请我代他向您问好……"

"说实在的，第一次见您就使我十分高兴……听王局长说，你们的公司还没有吸尘器……"

第二天，他再向该公司推销吸尘器便成功了。这位推销员的高明之处是有意撇开自己，用"得到了王局长的介绍"这种借人口中言，传我心腹事，借他人之力的迂回攻击法，令对方很快就接受了。

社会纷繁复杂，真真假假、虚虚实实，谁能时刻保持那么高的警惕去辨别真假。因此，很多人就可以抓住机会，获得成功。

一天，一位办理房地产转让的房产公司推销员来到一位朋友家，带着朋友的介绍信。彼此一番寒暄客套之后，就听他讲开了：

"此次幸会，是因为我的上司赵科长极为敬佩您，叮嘱我若拜访阁下时，务必请先生您在这本书上签名……"边说边从公文包里取出这位朋友最近出版的新著。于是这位朋友不由自主地信任起他来。在这里，赵科长的仰慕和签书的要求只不过是个借口，目的是对这位朋友进行恭维，使他开怀。

此种情况，由不得人家不照他的话去做。这种办事的手段，确实令人难以招架。

素不相识，陌路相逢，如何让所求之人了解你与他是朋友的朋友，亲戚的亲戚，虽然十分牵强，但一般人不会驳朋友的面子，也不至于让你吃闭门羹。这是一条与客户建立亲切关系的捷径。

与客户打交道，通过第三者的言谈，来传达自己的心情和愿望，在办事过程中是常有的事。人们会不自觉地发挥这一技巧，比如："我听同事老张说，您是个热心人，求您办这件事肯定错不了……"等等。但要当心，这种话不是说说而已的，也不能太离谱，一定要事先做些调查研究。

为了事先了解对方，可向他人打听有关对方的情况。第三者提供的情况是很重要的，尤其是与被求者的初次会面有重大意义时，更应该尽可能多地收集对方的资料。但是，对于第三者提供的情况，也不能尽信，还要根据需要有所取舍，结合自己的临场观察、切身体验灵活应用。同时，还必须切实弄清这个第三者与被托付者之间的关系。否则，事情很可能就办不好。

利用好奇心，打消客户的防卫意识

相信你一定有过这样的经历，你的客户总是对你所说的每件事都要进行澄清或反驳。你提出一个观点，他立刻提出一个相反的观点；或者你插入一段评论，他马上觉得有必要提出更好或者更令人印象深刻的评价。不用说，遇到这种情形总是令人沮丧，而交流也因此难以深入下去。

在日常会谈中，这种情形发生的频率其实也比你想象的要频繁得多。哪怕对于一个不大有感情色彩的评价，人们也常常会持反对态度。例如，当你说"听说周末天气不错"时，对方立刻会反问道："真的吗？我觉得好像会下雨"，或者说，"太热"、"太冷"、"太潮湿了"，还有的人认为现在说这个周末天气怎么样有点"太早了"或"太迟了"。总之，对方似乎总是本能似的以逆反心理对待你的言论。

逆反是表示不同意的一种，它出于人的本能，带有感情色彩，通常使人以相反的态度做出反应，常见的方式是表达相反的观点。

在销售中，我们也常常一开口就遭遇对方的反诘。你可以用一个最简单的实验来检测一下顾客的逆反心理。当你走进客户的办公室微笑着询问："我选了一个好时间，对吗？"那么，他们的回答通常并不愉快，往往会说："我现在正在忙。"下一次，你试着问一个相反的问题："我来得不是时候吧？"大多数人会立刻邀请你进去，同时说："不，正好是手上的事情忙得差不多了。"

逆反是几乎人人都有的行为反应，只是程度不同而已。逆反行为看起来像是一种恶意的抵触，但从心理学角度说，逆反行为并不是有意识的反应，而大多数情况下都是客户下意识的自我防卫。逆反行为很少因为某人有意反对而发生，它的产生机制是人们需要感受到自我价值的存在。大多数的人通过对他人的反对来显得自己很聪明，希望因此受到尊敬。

在销售过程中，当客户发生习惯性的逆反行为时，你不能直接跟客户说"别这么做！"而应当认识到，客户不自觉的逆反心理实际上是源于人们天生对"掏自己口袋"的人抱有谨慎且怀疑的态度。这种谨慎孕育着抵制情绪，越是谨慎的消费者，就越容易产生逆反行为。而销售员必须尊重客户的逆反心理，还有更聪明一点的销售员，懂得在销售中充分利用消费者的逆反本能，达到促进销售的目的。

美国商人艾弗森专门经营卷烟。但这位商人运气不好，几年来他的商品一直乏人问津，很快濒临破产。万般无奈之下，艾弗森最后决定改变经营方法。

艾弗森在商店门口画了一幅大广告："请不要购买本店生产的卷烟，据估计，这种香烟的尼古丁、焦油含量比其他店的产品高1%。"另用红色大字标明："有人曾因吸了此烟而死亡"。这个别具一格的广告立即引起了当地电视台的注意，通过新闻节目的宣传，这家商店立即声名鹊起，远近驰名。一些消费者特地从外地来买这种卷烟，称"买包试试，看死不死人！"还有些人还认为，抽这种烟能显示自己的男子汉气概。

当然，艾弗森的卷烟店因此生意日渐兴隆，最终成为拥有5个分厂、14个分店的连锁商店。

艾弗森正是巧妙地利用了消费者的逆反心理，表面上是自揭家丑，故意道明商品的问题，实际上却通过激发客户的好奇心，克服了客户的逆反心理，让顾客消除心理防卫，喜欢上他的产品。

"激发好奇心"是克服客户逆反心理的最佳途径之一，我们在日常销售工作中，也可以通过能够激发人好奇心的话题，使交谈的气氛变得活跃，同时也使客户更加投入、注意力更集中，从而更主动自愿地了解你的产品和服务。

除了激发客户的好奇心外，我们还有以下三种方式来有效消除客户的逆反心理：

（1）多提问题少做陈述。交谈中的陈述语气很容易引发逆反作用，因为大多数的陈述通常都有一个明确的观点立场，很容易被人抓住提出反对意见。你的陈述观点越明确，就越容易发生逆反作用。相反，提问由于观点模糊，就更不容易使对方感情激化，从而不易引起逆反作用。例如，以"这个周末天气好吗？"代替"周末天气不错"的陈述，既能避免对方逆反性的回答，又通过问题满足了人们想要参与讨论并提供某些信息的心理需求。

（2）良好的信誉减少客户的抵触心理。一个销售员在其客户心中的信誉越高，客户的态度会越积极。良好的信誉能使你的客户与你建立融洽的信任关系，这样就减少了客户逆反心理的发生机率，有效展开交流。

（3）站在对方的立场上。在销售的过程中，如果我们能设身处地地站在对方的立场上，提出诸如"我来的不巧吧？""打搅你了吗？""你的老板对建议价格有些担心吧？"之类的问题，对方能感受到你确实是为他着想，也便很容易消除内心的心理防线，愿意敞开心扉与你交谈。当然，你所问的上述问题，一定也都能够得到否定的回答。

销售员在与客户交流的过程中，很容易遭遇对方的逆反心理。有些销售员总是试图采用更主动、更有推动力的言语说服对方，然而却收效甚微。其实，只要掌握以上几点，你可以很容易地消除客户的心理防卫，最终达成你想要的成交结果。

用你嘴说出他的反对意见

销售谈判中，应当事先预测对方可能会提出哪些反对意见。你若抢在对方前将这些意见说出来，便可不费吹灰之力将其扼制住。

把方案带到客商那里去的时候，应当事先就料到对方会提出哪几种反对意见。如果坐到谈判席上，在意想不到的情况下突遭对方的反驳后再支支吾吾地招架，则有失体面。

事先估计到对方会反驳，但只准备一些应答的对策还不够，仍容易被对方打败。在争论中占据上风并不是谈判的根本目的，充其量不过是谈判形势的走向问题。

那么，应当如何对待意料之中的反对意见呢？

当估计对方会予以反驳时，有这样一种对付的办法：在他们还没有说出之前，你让同伴将预料中的反面意见说出来，然后将其否定。

首先与同伴进行磋商，列举几条意想中的反对意见，事先布置好："估计对方会以此为理由攻击我们，你先主动地把这个问题提出来。"在谈判中，当同伴讲出了这个意见以后，你马上指出："不对，这种观点是错误的。"如此这般，将这些反对意见一个一个地化为乌有。同时，你方的几个人之间还可以故意发生争执。这样做不会在对方面前露出什么破绽，反而会在保全对方面子的情况下使其接受你方的方案。

反对意见多种多样，有的可以从理论方面回答，有的无法用语言去解释，只能凭自己的感觉去理解。对方提出的意见可以用道理来说明的部分很好处理，至于那些难以解释的问题，最好还是用内部争吵的方法来解决。比如数落自己的同伴："你总是提出这类问题，什么时候才能有点出息呢？"只有这种语言才能处理好这种反对意见。

坐在谈判席上，总是有意识地将与会者分为说服的一方和被说服的一方，这种想法要不得。对方有3个人，你方也有3个人，我们应当把这看做是与会的6个人正在共同探讨着同一个问题，而不是3比3的对话。

所以，你方的与会人员有时最好也处在相互敌对的关系上。因为如果总是保持一致对外的姿态，对方就会产生一种随时有可能遭到你方攻击的顾虑。把既成的事实强加于人，这是被说服一方最厌恶的一种做法。

当你方内部互相争论的时候，很容易形成一种在场的所有人都在议论的气氛，结论也仿佛是在对方的参与下得出来的。于是在大家的思想中能够形成一种全体参与、共同协商的意识。

但是，若只有你一个人在场的时候又该怎么办呢？

无论事先做过多么周密的准备，一旦到了谈判桌上，仍然会察觉到要有某种反对意见出现。这时，你可以把它处理为临来之前曾经听到公司里有人提出过这种意见。这样，当你发觉这种反对意见即将提出的时候，就抢先说道："在公司里谈论这个方案的时候，有个家伙竟然这样说……"这么一来，不管持这种意见的人有没有，都会产生敲山镇虎的效果。说完以后，你还要征求对方有什么感想。听你这么一说，只要不是相当自信的人就很难说出"我也是这么想的"这句话。即使摩拳擦掌准备提出这种反面意见的人，也不愿落得与"这个家伙"相同的下场，所以只得应付说："是嘛，这么说可就太奇怪了。"

用这个办法，将对方的反面意见压制住，哪怕只有一次，在以后的谈判过程中对方就不会轻易反驳了。你方大致预料到反面意见的内容时，抢先说："谈到这里，肯定会有个别糊涂虫提出这么一种反对意见……"于是对方唯恐提出不恰当的反对意见，以后被人耻笑为"个别糊涂虫"。

还有一个办法：抢先说出对方从他们自己的立场出发所产生的不安和所要承担的风险。如说："我如果是经理的话，这种事情太可怕了，恐怕不敢随便说。"或者说："也有出现这种情况的可能，所以我如果站在经理的立场上，也许会想办法回避。"把自己所预料出现风险的可能性间接地表达出来。在达成协议还是谈判破裂的岔口上，语气再稍微强硬一些也未尝不可："如果站在经理的立场上，我会认为，造成谈判破裂要比被迫接受对方的条件可怕得多。"

无论怎么说，反正不能让对方把反对意见先说出口，这与你方的意见让对方说出令对方感到满足是一样的道理。对方的反对意见从你方嘴里说出来，这样做给人留下了对方反驳的观点你方已经研究透了的印象，就可以不费吹灰之力地将其扼制住。

先大后小，让步幅度都要递减

小李："赵总，你看，我们可以在报价的基础上下降10%。"

赵总："你们的价格还是太高，我们再考虑考虑。"

小李："好吧，一口价，我再降5个点。"

赵总："好吧，我们开会研究一下。"

一个月后。

赵总："小李，我们决定购买你们公司的产品，但是还要降5个点。"

小李："对不起，李总，我给你报的已经是底价了。"

赵总："小李，你不实在。你的竞争对手可又给我降了5个点，你看着办吧！"

小李："……"

精明的买家总是认为卖方不会将价格一次让到位，他们总是试图让卖方一再让步。小李在上一次拜访中连连降价，使之后来没有降价的空间，导致成交困难。

例如，你代表一家医疗器械销售公司向某家大型医院洽谈业务，其中一款设备报价是800元，你可以将价格降到720元成交，因此你谈判的空间是80元。怎样让出这80元是值得探讨的。下面是几种常见的让步方式。

给出底线反遭怀疑

步步紧逼让你难招架

80元、90元、100元、110元。

这种方法是一开始把所有的空间全部让出去，是极端愚蠢的。首先对方会认为你虚报价格轻易地让出如此之大的幅度，一定还有很大的让利空间。因此，他还会在价格上继续步步紧逼，让你无法承受，导致谈判陷入僵局甚至破裂。即使达成了交易，对方也会怀疑你的诚意，从而影响到下一次的合作。

小额渗透不实际

遭反感对手不买账

5元、15元、25元、35元。

开始，如此小的幅度对方肯定不会同意，会要求你再次让步，于是你分两步让出了15元和25元，但仍然被对方无情地拒绝了。为了避免谈判破裂，你只能把最后的35元全部让给对方。在你让出所有的谈判幅度后，你会如愿地拿到订单吗？这会导致这桩生意很难成交，道理很简单：在你每一次让步后，对方会觉得你在有意试探，诱骗价格且有失严肃，会造成对方对你的反感，形成心理戒备，即使你让出再多，对方也不会高兴的。

四平八稳落价格

对手摸透规律更宰你

20元、20元、20元、20元。

从表面上看这是一种四平八稳的让步方式，每一次让步幅度都不大，谈判破裂的风险也较低。实际上，在各种形式的让步中，任何两次相同的让步都是不可取的。对方虽然不知道你究竟能让多少，却了解每次20元的让步规律，在你最后一次让步后对方还会期待下一个20元。

先大后小刺激谈判欲望

让对方觉得已砍到价格最底线

40元、20元、15元、5元。

第一次让步要合理一些，要充分激起买方的购买欲望。在谈判中期不要轻易让步，每一次让步幅度都要递减，并且要求买方在其他方面给予回报。最后的让步要让对方看出你异常艰难，认为你已经到了底线。

至于哪种方法值得借鉴，这里已经不言自明了。

第十三章　避开禁忌，无往不利

禁忌一：介绍产品没有针对性

每个人的购买条件是不尽相同的，你给顾客介绍的产品严重低于顾客收入水品即消费品位，他可能会觉得你看不起他，也不屑于买你的帐。而如果你给顾客介绍的产品远远高出顾客的购买条件，他也会落荒而逃的。如何才能根据顾客的购买条件，找到对应的产品呢？我们先来看一下这个销售场景：

顾客似乎对所有商品都很感兴趣，却又面露困惑："我觉得都还不错，你能介绍一下吗？"

销售员1："这一款是我们最畅销的机型……"

销售员2："这一款的外观材料不同，使用的是……右边的这一款可以预约定时，旁边的这一款有一个新功能……"

销售员3："您想买个什么样的？"

销售员4："请问您想买多少钱的家电？"

销售员5："请问您接受什么价位的电视？"

销售员6："您告诉我吧，否则我很难为您推荐合适的产品。"

销售员1和销售员2在还没有了解顾客基本情况的时候就开始进行介绍，非常的没有针对性。如果这时是客流高峰期，这种毫无针对性的介绍方式是根本没法应对多名顾客的，不仅会手忙脚乱，而且效果也不佳。

销售员 3 虽然对顾客的需求有所询问，但这种直来直去的问话方式很难达到预期的效果，因为顾客就是因为不知道什么样的机型最适合自己，才让销售员给介绍的。

销售员 4 太过于直接，显得很没礼貌。

销售员 5 让顾客觉得销售员在怀疑他的经济实力。

销售员 6 有埋怨和强迫顾客的意思。

可以说，这 6 名销售员做得都十分差强人意。当顾客说："我觉得都还不错，你能介绍一下吗？"其实暴露的是一种典型的消费心理：顾客往往在琳琅满目的商品中犹豫、彷徨、举棋不定，这时，他们想听到合理的推荐与建议，才能做出进一步的判断分析。销售员此时扮演的角色对顾客来说至关重要。

在顾客希望销售员对产品进行广泛介绍时，顾客所面临的问题应该有两个：第一，我不知道就我的购买条件来说更适合什么样的机型；第二，也是最重要的一点，就是所谓的使用条件都有哪些——如何分析购买条件并确立购买原则？

事实上这正是销售员引导顾客的绝妙时机。销售员应该通过正确的话语询问试探出顾客的需求范围，针对需求推荐相应的商品。例如我们可以这样说：

情景一：

销售人员："先生，您好！我们这里的热水器种类繁多，为了节省您的时间，我想问一下您对热水器的品牌和质量有没有特殊的要求？"（问对品牌与质量的要求）

顾客："没有，安全就行。"

销售员："哦，是买来自家用的吧？"（问使用的场合）

顾客："对，接燃气用的热水器。"

销售员："哦，您说的对！安全性是使用燃气热水器的关键。您可以考虑一下 XX 的 XX 型热水器，6 升强排的才 500 多元。这款燃气热水器价格低、加热快、出水量大、温度稳定、故障率低，在消费者中间拥有良好的口碑，而且 XX 是连续多年获得中国燃气热水器销量第一的老品牌了，绝对值得信赖。您觉得这款如何呢？"

情景二：

销售员："小姐，我们店的洗衣机品类很多，您是想选波轮的还是滚筒的呢？"

顾客："滚筒的。"

销售员："哦，那您喜欢外资品牌还是国产品牌呢？"

顾客："外资品牌，就品牌 A 吧！"

销售员："好，那我建议您可以考虑 A 品牌的烘干型滚筒洗衣机。其最大的特点就是洗涤、烘干合二为一，对于那些不适合晾晒的衣物可以迅速进行高温烘干，具有快速除湿、免熨、蓬松、柔软、除菌等功能，高效又快捷，最适合像您这样生活繁忙的成功人士使用。现在有两个款可供您选择，您觉得 6000 元左右的能否符合您的要求呢？"

在购买预算方面，任何顾客对自己准备购买的商品都有一个"心理价格"。只有了解顾客的购买预算，销售员才能掌握顾客的真实消费水平，推介符合顾客购买预算的商品。但是购买预算是一个非常敏感的话题，顾客一般不愿意直接告知。销售员最好不要直接问顾客需要什么价位的商品，我们可以采取侧面询问来了解顾客的购买预算，例如询问顾客对品牌和质量有什么特殊的追求。

禁忌二：含糊报价，客户失去信任

在行销过程中，报价是谈判的一项重要工作。报价得当与否，对报价方的利益和以后的谈判有很大影响，而有的销售人员恰恰是在这个环节中出现了问题，他们总是含糊报价，以为这样就可以搪塞过去，但是问题也就出现在这里，客户可能因为你不够诚实而取消合作。

马克经过几次电话拜访之后，终于与路易斯先生就购买网络服务器达成了初步意向。这天，他又给路易斯打电话。

马克："路易斯先生，你好，我是马克。"

路易斯："马克，你这电话来得正是时候，刚才财务部来人，要我把新购设备的报价单给他们送过去，他们好考虑一下这笔支出是否合算。"

马克："这个嘛，你别着急，价格上不会太高的，肯定在你们的预算支出之内。"

路易斯："马克，财务部的人可是只认数字的，你总应该给我一个准确的数字吧，或者该把报价单做一份给我吧。"

马克："哦，放心好了，路易斯先生，顶多几十万，不会太多的。对您这么大的公司来说，这点钱实在不算什么。"

路易斯："马克，几十万是什么意思？这也太贵了吧。你怎么连自己产品的价格都如此含混不清呢？看来，我得仔细考虑一下是否购买你们的网络服务器了。"

当客户询价时，报价是谈判的一项重要工作，绝不能含糊、搪塞，否则客户可能因为你不够诚实而取消合作。那么怎样做才能避免出现此类问题呢？销售人员要遵守以下几个原则：

1. 科学定价原则

制定一个合理的价格是处理好问题的基础与前提。行销人员必须和公司商量，制定出合理的价格，而不可擅自做主，给客户不负责任地报价。

2. 坚信价格原则

推销员必须对自己产品的价格有信心。推销员作价前应慎重考虑，一旦在充分考虑的基础上确定价格后，就应对所制定的价格充满信心。要坚信这个价格是消费者都会满意的价格。

3. 先价值后价格的原则

在推销谈判过程中应先讲产品的价值与使用价值，不要先讲价格，不到最后成交时刻不谈价格。推销员应记住，越迟提出价格问题对推销员就越有利。客户对产品的使用价值越了解，就会对价格问题越不重视。即使是主动上门取货与询问的客户，亦不可马上征询他们对价格的看法。

4. 坚持相对价格的原则

推销员应通过与客户共同比较与计算，使客户相信产品的价格相对于产品的价值是合理的。相对价格可以从以下几方面证明：相对于购买产品以后的各种利益、好处及需求的满足，推销产品的价格是合理的；相对于产品所需原料的难以获取，相对于产品的加工复杂程度而言，产品的报价是低的……虽然从绝对价值看价格好像是高了点，但是每个受益单位所付出的费用相对少了，或者是相对于每个单位产品，价格是低的。

禁忌三：说词太专业

人们常说"物以类聚，人以群分"。要成为一个优秀的销售人员，就要努力让客户感觉到他跟你是同一种人。在这种状况下，客户很容易对你，还有你的产品产生一种亲近感，这样一来，无论你要销售什么产品，都轻而易举了。

反之，如果你偏要显得与众不同，显得专业的话，却不一定会收到想要的结果。

乔治受上级的命令为办公大楼采购大批的办公用品。结果，他在实际工作中碰到了令他哭笑不得的情况。

　　首先使他大开眼界的是一个推销"信件分投箱"的推销员。乔治向这位推销员介绍了公司每天可能收到的信件的大概数量，并就信箱提出了一些具体的要求。这个小伙子听后脸上露出大智不凡的表情，考虑片刻，便认定乔治最需要他们的CSI。

　　"什么是CSI？"乔治问。

　　"怎么，"他以懒洋洋的语调回答，话语中还带着几分不屑，"这CSI就是你们所需要的信箱啊。"

　　"那是纸板做的，金属做的，还是木头做的？"乔治试探地问道。

　　"如果你们想用金属的，那就需要我们的FDX了，也可以为每个FDX配上两个NCO。"

　　"我们有些打印件的信封会长点。"乔治说明。

　　"那样的话，你们便需要用配有两个NCO的FDX转发普通信件，用配有RIP的PLI转发打印件"。

　　这时，乔治实在听不懂他在讲些什么，于是说道："小伙子，你的话让我听起来十分费解。我要买的是办公用具，不是字母。你所说的那些字母代表什么？"

　　"噢，"他答道，"我说的都是我们产品的序号。"

　　最后，乔治费了九牛二虎之力才慢慢从推销员嘴里弄清楚他的各种信箱的规格、容量、材料、颜色和价格，从推销员那里得到这些情况就像用钳子拔他的牙一样艰难。推销员似乎觉得这些都是他公司的内部情报，他已严重泄密了。

　　如果这位销售者是绝无仅有的话，乔治还不觉得怎样。不幸的是，这位年轻的推销员只是个打头炮的，其他的推销员成群结队而来：全都是些嘴里挂着专业名词或者字母的小伙子，乔治当然一窍不通。当乔治需要板刷时，一个小伙子说要卖给他"FHB"，后来才知道这是"化纤与猪鬃"的混合制品，等物品拿来之后，乔治才发现FHB原来是一只拖把。

　　乔治把这些家伙全部打发走了。

那些推销员用一些类似于"天书"的语言向乔治推销，而且没有进行必要的解释，乔治根本听不懂，生意自然做不成。

推销的语言要像白居易写诗一样，传说白居易写好了诗都会念给邻居老太太听，老太太听不懂的话他再修改直到听懂为止。用客户听得懂的语言向客户介绍产品，这是最简单的常识。有一条基本原则对所有想吸引客户的人都适用，那就是如果信息的接受者不能理解该信息的内容，这个信息便产生不了它预期的效果。推销员对产品和交易条件的介绍必须简单明了，表达方式必须直截了当。表达不清楚，语言不明白，就可能会产生沟通障碍。另外，推销员还必须使用每个客户特有的语言沟通方式。跟青少年谈话不同于跟成年人的交谈；使专家感兴趣的方式，不同于使外行们感兴趣的方式。

推销员在与不同的客户沟通时，应当认真地选用适合于该客户的语言。然而，推销员常犯的错误就在于，他们就像本案例中的推销员那样过多地使用技术名词、专有名词向客户介绍产品，使客户如坠雾里，不知所云。试问，如果客户听不懂你所说的意思是什么，你能打动他吗？

在和客户交流时要注意做到以下几点：

1. 简洁

简洁是对推销陈述的基本要求。陈述时，应简单明了、干净利落，避免啰啰嗦嗦、反反复复，应尽可能在较短的时间内将比较重要的信息传递给客户。只有尽快唤起客户的兴趣，才可能使推销进行下去。

2. 流畅

流畅也是对推销陈述的基本要求。语言流畅，一是要求推销员讲话时要口齿清晰、流利；二是指陈述的内容要有连续性、逻辑性，上下文衔接合理，原因结果叙述清楚。

3. 准确

准确是对推销陈述的更高要求。陈述准确，首先要求推销员必须选择正确的陈述内容。推销员不应试图把自己掌握的所有信息都传递给客户，而应选择客户最感兴趣的信息作为陈述的内容。其次要求推销员合理安排在洽谈的不同阶段的陈述重点。在洽谈过程中，推销员通常要进行若干陈述。但是，不同阶段的陈述应有不同的重点。

4. 生动

生动是对推销陈述的最高要求。推销是激发客户的购买欲望、说服客户采取购买行动的过程，因此，要求推销语言必须是能够打动客户的语言，它应该具有如下基本特征：新颖别致，与众不同；易使人产生联想；易被人记住；易使人感受到；易使人被说服，这样的语言才是生动的语言。

乔·吉拉德曾说过："在沟通的过程中触犯禁忌和说别人听不懂的话题，等于向天空吐口水（自己是最大的受害者）。"

所以，说客户明白的话才能把信息很好的传递给客户。如果说客户听不懂的话，就不会产生预期的效果。

禁忌四：对客户陈述的意见立即驳倒

拜访客户或平时交往时，谈论到一些话题常常会发生意见分歧，尤其是针对产品本身的性能、外观等。遇到这样的情况我们该如何应对呢？是凭借我们的专业知识驳倒客户，还是一味地迁就顺从他们？恐怕都不是最佳解决办法。

克洛里是纽约泰勒木材公司的销售人员。他承认：多年来，他总是尖刻地指责那些大发脾气的木材检验人员的错误，他也赢得了辩论，可这一点好处也没有。因为那些检验人员和"棒球裁判"一样，一旦判决下去，他们绝不肯更改。

克洛里虽然在口舌上获胜，却使公司损失了成千上万的金钱。他决定改变这种习惯。他说："有一天早上，我办公室的电话响了。一位愤怒的主顾在电话那头抱怨我们运去的一车木材完全不符合他们的要求。他的公司已经下令停止卸货，请我们立刻把木材运回来。在木材卸下25%后，他们的木材检验员报告说，55%的木材不合规格。在这种情况下，他们拒绝接受。"

挂了电话，我立刻去对方的工厂。途中，我一直思考着一个解决问题的最佳办法。通常，在那种情形下，我会以我的工作经验和知识来说服检验员。然而，我又想，还是把在课堂上学到的为人处世原则运用一番看看。

到了工厂，我见购料主任和检验员正闷闷不乐，一副等着抬杠的姿态。我走到卸货的卡车前面，要他们继续卸货，让我看看木材的情况。我请检验员继续把不合格的木料挑出来，把合格的放到另一堆。

看了一会儿，我才知道是他们的检查太严格了，而且把检验规格也搞错了。那批木材是白松，虽然我知道那位检验员对硬木的知识很丰富，但检验白松却不够格，而白松碰巧是我最内行的。我能以此来指责对方检验员评定白松等级的方式吗？不行，绝对不能！我继续观看，慢慢地开始问他某些木料不合格的理由是什么，我一点也没有暗示他检查错了。我强调，我请教他是希望以后送货时，能确实满足他们公司的要求。

以一种非常友好而合作的语气请教，并且坚持把他们不满意的部分挑出来，使他们感到高兴。于是，我们之间剑拔弩张的空气消散了。偶尔，我小心地提问几句，让他自己觉得有些不能接受的木料可能是合格的，但是，我非常小心不让他认为我是有意为难他。

他的整个态度渐渐地改变了。他最后向我承认，他对白松的检验经验不多，而且问我有关白松木板的问题。我对他解释为什么那些白松木板都是合格的，但是我仍然坚持：如果他们认为不合格，我们不要他收下。他终于到了每挑出一块不合格的木材就有一种罪恶感的地步。最后他终于明白，错误在于他们自己没有指明他们所需要的是什么等级的木材。

结果，在我走之后，他把卸下的木料又重新检验一遍，全部接受了，于是我们收到了一张全额支票。

就这件事来说，讲究一点技巧，尽量控制自己对别人的指责，尊重别人的意见，就可以使我们的公司减少损失，而我们所获得的良好的关系，是非金钱所能衡量的。

尊重客户的意见并不是要抹杀我们的观点与个性，而是指对方陈述其意见时切勿急于打击、驳倒。礼貌地尊重胜过激烈的雄辩。有多少种人就会有多少种观点，我们没有资格去要求他人的看法与我们步调一致，尊重客户的意见，不仅能为我们赢得客户的尊重，同时也是好修养的体现。

我们谁都不敢说自己的观点就是 100% 正确，也不敢说自己的眼光最好。因此，我们有什么理由不接纳他人的不同意见呢？而且有时因为我们的激烈辩驳，常引发客户强烈的逆反心理与厌恶心理，眼看着能成功的合作也会因此而搁浅。多一份包容心，多一点尊重，最终获益的总是我们自己。

禁忌五：一味按着自己的思路来谈判

在销售谈判中，要尽量追求双赢效果。因为追求单赢往往只赢得眼前，却赢不了将来。

销售员："陆总，其他的事项我都可以落实，现在关键是价格问题，在上次的邮件里我提到过，半天的培训是按照一天的费用来计算的，您是怎么考虑的？"

客户："这点我知道，要是按照我的想法来计价的话，在原来给我们培训的费用基础上打 8 折。"

销售员："这样的价格很难行得通，我给其他的公司培训都不是这样的价格，都是 1.8 万元一天，不信您可以去调查。"

客户："价格难道就不能变？我们原来合作的是 1.5 万一天，现在培训的时间是半天，而且有些公司半天只收半天的费用，我要是给领导汇报，现在是半天的培训，不但没有降低价格，反而比一天的费用还要高，你说领导会怎么想？领导肯定会觉得我不会办事。"

销售员（犹豫了一下）："对，你说的话也在理。"

客户："是吧！你要让我好做事，不然我就失去了领导的信任，再说，这样的课程不是你一家公司能讲。"（声音大起来了，是为了保护自身的利益。）

销售员："陆总，这样吧，我们再商议一下，10 分钟后我们再联系。"

（十分钟以后，销售员又把电话打过去了）

销售员："您好，陆总，我们商议了一下，既要考虑到您的实际情况，同时也要照顾我们的情况，所以我们的报价是 1.8 万的 8 折，去掉零头，您看怎么样？"

客户："哦！我刚从别的公司调查了一下，了解到你推荐的讲师在安徽讲课的时候,理论比较多,实践的东西少,而且与学员互动少……"

销售员："您所说的情况都是事实，我没有意见，在这次培训中我会督促讲师多多注意这些情况。既然是这样的话，我必须要考虑到您的立场，不能损害您的利益，给您的工作带来麻烦，您给我指条路吧！"

客户："这样吧！你们再降 1000，怎么样？"

销售员："好的，就这么办。"

在商务谈判中，如果一味地按照自己的谈判思路，很有可能会损害与客户之间的关系，更有可能使交易失败或是一锤子买卖。所以必须要以双赢为出发点来进行谈判。

从上面的案例可以看出，这位销售员所应对的客户谈判技术比较高，他有很多的筹码在手中：1 把以前的交易价格作为谈判的基础；2 自身在领导面前的信任作为谈判的底牌；3 同系统的调查作为谈判的印证；4 半天应该比一天费用少作为谈判的说理；5 他们挑选的余地比较多作为谈判的恐吓。5 个筹码轮番轰炸，而销售员就把握住底线决不让步，同时照顾好客户的立场来赢得与客户的合作，这是许多新入行的销售员需要学习的一种技巧。

禁忌六：说话太绝，不留情面

在与人交往时，我们常常会说得兴起，把话说得太过分了，导致自己没有回旋余地，处于尴尬境地，为避免这样的情况出现，我们需要注意自己的言辞和情绪，不要把话说得太满、太死或者太绝对。要知道，痛快也只能是一时的，而受伤害的则可能是双方长远的关系和自己的声誉。所以，说话时要注意话留三分，不把话说绝，给对方，也给自己一个台阶下。

一位顾客在商场买了一件外衣之后，要求退货。衣服她已经穿过一次并且洗过，可她坚持说"绝对没穿过"，要求退货。

售货员检查了外衣，发现有明显的干洗过的痕迹。但是，直截了当地向顾客说明这一点，顾客是绝不会轻易承认的，因为她已经说过"绝对没穿过"，而且精心地伪装过。于是，售货员说："我很想知道是否你们的某位家人把这件衣服错送到干洗店去过，我记得不久前我也发生过一件同样的事情。我把一件刚买的衣服和其他衣服堆在一块，结果我丈夫没注意，把这件新衣服和一堆脏衣服一股脑地塞进了洗衣机。我觉得可能你也会遇到这样的事情，因为这件衣服的确看得出已经被洗过的痕迹。不信的话，咱们可以跟其他衣服比一比。"

　　顾客看了看证据，知道无可辩驳，而售货员又为她的错误准备了借口，给了她一个台阶下。于是，她顺水推舟，收起衣服走了。

　　售货员如果直白地揭穿顾客的"伎俩"，再强硬地驳回对方的要求，就等于在大庭广众下把话说绝了，换来的只会是一场尴尬和不欢而散。现实生活中，人们普遍存在着吃软不吃硬的心态。特别是性格刚烈的人，如果你说话"硬"的话，他也可能比你更硬；你如果来"软"的，对方倒会于心不忍，也就有话好好说了。

　　有的人会说，发生这种矛盾，我就打算和他绝交了，把话说绝了又怎么样。真是这样吗？要知道，暂时分手并不等于绝交。

　　友好分手还会为日后可能出现的和好埋下伏笔。有时朋友间分手绝交并非是彼此感情的彻底泯灭，而是因一时误会造成的。如果大家采取友好分手的方式，不把话说绝，那么，有朝一日误会解除了，很可能破镜重圆，使友谊的种子重新绽放出绚丽的花朵。在这方面不乏其例。

　　有的人不明白这个道理，他们一和别人发生矛盾时就取下策而用之，与人反目为仇，谩骂指责，把话说得很绝以解心头之恨。这样做痛快倒也痛快，但他们没想到，在把别人骂得狗血喷头的同时，也就暴露了自己人格上的缺陷。人们会从这样的情景中看到，他对别人居然如此刻薄，如此不留情面，如此翻脸不认人。

　　在与人发生矛盾时不说绝话，能体现一个人的宽容大度和高尚品格。在正常情况下，人们的度量大小是很难表现得出来的。而当与别人发生了矛盾，使你难以容忍的时候，能否容人，那就看得一清二楚了。这时只有那些思想品格高尚的人，才会保持理智，以宽容的姿态，不把话说绝避免伤害对方。友好解决能使发生矛盾的彼此免受进一步的伤害，也可以说这是留给对方的真诚。

禁忌七：最后关头，说客户动摇的傻话

当客户明确表示成交时，谨慎为上，避免过多的话语，导致交易失败。

推销员："看到我们给你发过去的新型车的图片了吧？"

客户："哇，真漂亮。"

推销员："才22万美元。"

客户："我能买到一辆黑色的吗？"

推销员："当然。黑的、黄的、红的和紫红的都有。"

客户："好。我今天有现金。黑色的你有现货吗？我能不能今晚就开回家？"

推销员："当然。现在我们这儿就有一辆。下周我们还有四辆黑色的要到货。"

客户："真的？也许我还应等一等，看了那几辆再说。"

推销员："不必了，它们全都一样。"

客户："可是，现在这辆车也许油漆不佳或还有什么毛病。"

推销员："绝不可能，一点问题都没有。"

客户："嗯。"

推销员："那我这就过来跟你签合同吧。"

客户："我还没有拿定主意。我想先看看那几辆再说。"

推销员："可是这一辆一点问题都没有，你可以亲眼看看嘛。"

客户："是啊，不过我还得考虑考虑。我有事得先挂电话了。下周我再打电话跟你确定。"

虽然成交要等客户的同意，但是最后的关键时刻，销售员的话却至关重要，它可以使客户坚定最后的决心，促进成交，也可以使客户动摇购买的决心，放弃交易。上述案例中的销售员就犯了一个致命的错误，不该在最后时多说了一句"下周我们还有四辆黑色的要到货"，这句话让客户萌生了等一等能有更多选择的念头，从而放弃当场交易，这一放弃很可能导致交易的流失。让即将到手的交易眼睁睁地失去，对销售员来说，是一个很大的打击。

在客户发出成交信号时，要注意下面几种情况。

1. 有的问题别直接回答

假设，当你正在对产品进行解说时，一位客户发问："这种产品的售价是多少？"

A. 直接回答："150 元。"

B. 反问："您真的想要买吗？"

C. 不正面回答价格问题，而是向客户提出："您要多少？"

如果你用第一种方法回答，客户的反应很可能是："让我再考虑考虑。"如果以第二种方式回答，客户的反应往往是："不，我随便问问。"

2. 有的问题别直接问

客户常常有这样的心理："轻易改变主意，显得自己很没主见！"所以，要注意给客户一个"台阶"。你不要生硬地问客户这样的问题："您下定决心了吗？""您是买还是不买？"。

尽管客户已经觉得这商品值得一买，但你如果这么一问，出于自我保护，他很有可能一下子又退回到原来的立场上去了。

3. 该沉默时就沉默

"你是喜欢甲产品，还是喜欢乙产品？"问完这句话，你就应该静静地坐在那儿，不要再说话——保持沉默。

你不要急着打破沉默，因为客户正在思考和做决定，打断他们的思路是不合适的。如果你先开口的话，就有失去交易的危险。所以，在客户开口之前一定要保持沉默。

禁忌八：被拒绝后，一声不吭就撤退

有位很认真的保险推销员，当客户拒绝他时，他站起来，拎着公文包向门口走去，突然，他转过身来，向客户深深地鞠了一躬，说："谢谢你，你让我向成功又迈进了一步。"

客户觉得很意外，心想：我把他拒绝得那么干脆，他怎么还要谢我呢？好奇心驱使他追出门去，叫住那位小伙子，问他，为什么被拒绝了还要说谢谢？

那位推销员一本正经地说："我的主管告诉我，当我遭到40个人的拒绝时，下一个就会签单了。你是拒绝我的第39个人，再多一个，我就成功了。所以，我当然要谢谢你。你给我一次机会，帮我加快了迈向成功的步伐。"

那位客户很欣赏小伙子积极乐观的心态，马上决定向他投保，还给他介绍了好几位客户。

作为一个推销员，被客户拒绝是难免的，对新手来说也是比较难以接受的。但是再成功的推销员也会遭到客户的拒绝。问题在于优秀的推销员认为被拒绝是常事，并养成了习惯吃闭门羹的气度，他们经常抱着被拒绝的心理准备，并且怀着征服客户拒绝的自信，以极短的时间完成推销。即使失败了，也会冷静地分析客户的拒绝方式，找出应付这种拒绝的方法，当下次再遇到这类拒绝时，就会胸有成竹了。这样长此下去，所遇到的真正拒绝就会越来越少，成功率也会越来越高。其实，要想真正取得推销的成功，就得有在客户拒绝面前从容不迫的气魄和勇气，不管遭到怎样不客气的拒绝，推销员都应该保持彬彬有礼的服务态度，

不管在什么样的拒绝下都应毫不气馁。

面对客户的拒绝，我们可以选择执著，也可以选择以退为进。首先，把打开的资料合起来，将工具一一收拾好。这时候动作一定要缓慢，除了极特殊的一些人之外，大多数人不会催你，你已经顺从他或她的意志了嘛。一边收拾，一边轻声叹息："太遗憾了，这么好的东西（方案），你不要……"显示你对商品（方案）的强烈信心，对对方未能拥有商品（方案）表示惋惜。

其次，再把收拾好的资料、工具一一放进包（箱）中，继续说："现在不要，以后还不一定能要呢！你现在不马上决定，真是太可惜了……"这时候的语速稍微加快，声音也稍稍提高，又一次表达你对商品的信心的同时，制造一种紧迫感，强调此时不要，以后不一定能要成，进行一次强力促成。

如果对方仍无动于衷，就把包（箱）放到左手边，摆出一副立即要中止商谈的架势，趁对方略微放松的一瞬间，突然换一个角度，说："我给你讲一个故事吧……"讲述一个简短而感人的故事，再进行一次情感触动。

若是还不见效，就要真的中止商谈了。把笔插进口袋，站起身，向对方伸出右手（如果你在别人的地盘上，这时候左手拎起包或箱），微笑着说："跟你交谈，真是一件愉快的事情。下次再好好谈一谈，弥补这次的遗憾。"充分显示你并没有把商谈的成败得失放在心上，而是喜欢和对方这个"人"打交道。同时，又争取到了下次面谈的机会。有些高手甚至能做到当场敲定下次面谈的时间。

握手告别后，如果你在别人的地盘上，需要离开商谈场所，转身的动作要干脆利落，与前面的慢声细语形成鲜明的对照，给人留下深刻的印象。转身后别忘记挺胸抬头，使脊背直起来，给对方留下一个美丽的背影，垂头丧气是万万要不得的。

第十四章　知己知彼，把话说到客户心里

把招呼打好，销售才能继续下去

顾客刚刚走进店铺后，销售人员可以用选择性提问的方式与顾客进行最初的交流，销售人员可以这样说：

（1）欢迎光临××店，请您放心挑选，不买也没有关系，喜欢可以试试看看，有需要了您随时叫我。您是想自己看看呢，还是让我有重点地给您介绍一下？

（2）您好，欢迎光临××服装店，看上了一定要试穿啊，衣服一定要穿上才能知道效果，所以买衣服一定要多看、多试。您是想自己看看呢，还是我为您介绍一下呢？

（3）上午／下午好，女士／先生，××店欢迎你，很高兴为您效劳。您是第一次进店吧，我乐意提供更多的信息，让您全方位地了解我们的品牌。您是先自己逛逛呢，还是我陪您一边看一边做介绍呢？

以上三种说法比较婉转、自然，当顾客第一次走进商店，对环境和销售人员都很陌生，产生一些戒备和抗拒的心理是正常的，通过与顾客打招呼可以拉近与顾客的距离。但是这个时机要掌握好，不能顾客一进门你就迎上去，这样显得过于热情，会让顾客产生压抑感；而顾客进门之后，对顾客不理不睬，则是对顾客的一种怠慢。

销售人员的正确做法应该是对进店顾客行注目礼，一定要保持微笑，在距离顾客一米远的地方向顾客问好，然后礼貌地与顾客保持一定的距离，让顾客自由挑选，当顾客主动询问时，就应该详细地为顾客作介绍，如果顾客不需要，就不要冒冒失失地打扰顾客的兴致。

所以作为销售人员，你最好不要这样说：

（1）欢迎光临，请随便看看！

这样有敷衍顾客的嫌疑，无意间就给顾客灌输了"看看就走"的潜意识。

（2）您好，看看这款产品吧，您要试用一下吗？

这样的开场显得盲目，在还没有了解顾客的喜好之前，你的推荐是盲目的，不能投其所好就会引起顾客的防范。

（3）欢迎光临，请问您是想买什么衣服呢？这都是刚刚到店的新款，喜欢可以试穿。

这样的开场白也不好，一上来就将双方置于买卖关系之中，增强顾客的戒备心理。

你一定要试图给顾客提供 2 ～ 3 个选择，让顾客在限定的范围内做出选择，这样显得体贴，而且把主动权也掌握在了自己手中。

但是这时候作为销售人员你一定要注意自己的表情，和顾客打招呼的时候一定要有亲和力，最好的亲和力就是微笑，两眼角柔和地上扬，眼神亲切自然，笑意必须是发自内心的，笑时露出 6 ～ 8 颗牙齿为宜，嘴角要稍微上扬。

这样能给顾客营造一个轻松、放松的购物心情。让顾客感觉自然自在，双方易于获得好感，建立一种互信友好的关系。

给客户选择太多，就会挑花眼

销售人员应该将客户引入到一个选择环境中，并且客户无论做哪种选择，都是对销售有利的。我们先看一个案例：

电话销售："您好，LD 笔记本专卖，请问您有什么需要？"

客户："我想买台笔记本电脑。"

电话销售："好的，没问题，我们这里品牌齐全。您需要什么价位的？对品牌有要求吗？主要是办公还是娱乐？经常携带吗？"

客户："不要太大的，七八千左右，也就是打打字，看看电影什么的。牌子嘛，最好好一点。"

电话销售："好的。根据您的要求，我觉得 HB、AD 和 DL 中的几款都比较适合您，具体来看，HB 是国内第一大品牌，质量、服务都不错，但价格过高，有些不值。"

"至于 AD，机器虽然便宜，但是售后服务跟不上，全国的维修点非常有限，以后机器出了问题不好修。"

"而 DL 既是大品牌，售后又是免费上门服务，保修期内还能免费换新机，还有 24 小时的免费电话技术支持，就是价格高了一点而已，要知道笔记本的总价里有 30% 就是它服务增值啊。"

客户："那么，DL 的哪款机型性价比高一些呢？"

电话销售："我认为 B 款挺不错的，在同等价位中，它的配置是最高的，而且现在这款机正在搞促销活动，买笔记本加送笔记本锁、摄像头、清洁套装、128 兆 U 盘和正版瑞星杀毒软件，这可是个很好的机会呀。"

客户："你们什么时候能送货上门？"

推荐的过程说白了就是找出符合客户要求的产品，然后介绍它们的品牌、型号、配置和价格。最后由客户来选择。这个选择性过程基本可以总结为以下两步：第一步，列举几种可供选择的产品和这些产品各自特点；第二步，让消费者从中选择认可的一个备选选项。

客户："你们的减肥产品主要有哪些？"

电话销售："我们代理的有三种减肥产品：一种是腹泻型的，它是通过大量的腹泻达到减肥的效果的，不过价格是最便宜的，像减肥胶囊、减肥茶，等等。这种适合那些不怕副作用而且身体强壮的人服用，优点是便宜，缺点是有副作用、服用痛苦。"

"还有一种是抑制食欲型的，常见的就是减肥饼干、减肥食品的，一般人服用后再见到饭就感觉难以下咽，没有饥饿感。这一类基本都是中等价格，您现在服用的减肥产品就是这一类型的。不过长此下去，对身体也是不小的伤害。"

"现在最流行的一种是高科技的减肥产品，比较安全并且没有副作用。这种产品的减肥原理主要是通过高科技方法，分解体内脂肪、抑制脂肪再生。而且使用效果好、停药后不反弹，也没有副作用，价格一般都在 300 元到 400 元不等。不过我们现在有一种正在促销，价格很便宜，还不到 300 元。建议你还是试一试这种新产品吧。"

需要提醒的是，销售人员切记只能推荐两到三款，三款最好。少了，客户没有挑选的余地，自己也没有回旋的余地；多了，客户会挑花眼，自己也会因为盲目推荐而没有目标。接下来的谈话很重要，要让客户实实在在地体会产品本身的优异性能。

以上两个案例都体现了这一点，就是给消费者提供了三个可供选择的备选选项，并且表明每一个选项的利害得失。让消费者从自己的实际利益出发，作出认可的选择，完成营销的说服过程。

烘托紧张气氛，促进交易达成

人们都有一种害怕失去或者错过时机的心理。利用这个心理有一个重要的前提：就是必须让客户认识到他所面临的购买时机是最好的时机，一旦错过就不会再有。玛丽·柯蒂奇就是善于为客户制造紧张气氛而使自己成为全美声名显赫的房地产经纪人。

下面是玛丽的一个经典案例，她在 30 分钟之内卖出了价值 55 万美元的房子。

玛丽的公司在佛罗里达州海滨，这里位于美国的最南部，每年冬天，都有许多北方人来这里度假。1993 年 12 月 13 日，玛丽正在一处新转到她名下的房屋里参观。当时，他们公司有几个业务员与她在一起，参观完这间房屋之后，他们还将去参观别的房子。

就在他们在房屋里进进出出的时候，看见一对夫妇也在参观房子。这时，房主对玛丽说："玛丽，你看看他们，去和他们聊聊。"

"他们是谁？"

"我也不知道。起初我还以为他们是你们公司的人呢，因为你们进来的时候，他们也跟着进来了。后来我才看出，他们并不是。"

"好。"玛丽走到那一对夫妇面前，露出微笑，伸出手说：

"嗨，我是玛丽·柯蒂奇。"

"我是彼特，这是我太太陶丝。"那名男子回答，"我们在海边散步，看见有房子参观，就进来看看，我们不知道是否冒昧了？"

"非常欢迎。"玛丽说，"我是这房子的经纪人。"

"我们的车子就放在门口。我们从西弗吉尼亚来度假。过一会儿我们就要回家去了。"

"没关系，你们一样可以参观这房子。"玛丽说着，顺手把一份资料递给了彼特。

陶丝望着大海，对玛丽说："这儿真美！这儿真好！"

彼特说："可是我们必须回去了，要回到冰天雪地里去，真是一件令人难受的事情。"

他们在一起交谈了几分钟，彼特掏出自己的名片递给了玛丽，说："这是我的名片。我会给你打电话的。"

玛丽正要掏出自己的名片给彼特时，忽然停下了手。"听着，我有一个好主意，我们为什么不到我的办公室谈谈呢？非常近，只要几分钟就能到。你们出门往右，过第一个红绿灯，左转……"

玛丽不等他们回答好还是不好，就抄近路走到自己的车前，并对那一对夫妇喊："办公室见！"

车上坐了玛丽的两名同事，他们正等着玛丽呢。玛丽给他们讲了刚才的事情。没有人相信他们将在办公室看见那对夫妇。

等他们的车子停稳，他们发现停车场上有一辆凯卡迪拉克轿车，车上装满了行李，车牌明明白白显示出，这辆车来自西弗吉尼亚！

在办公室，彼特开始提出一系列的问题。

"这间房子上市有多久了？"

"在别的经纪人名下6个月，但今天刚刚转到我的名下。房主现在降价求售。我想应该很快就会成交。"玛丽回答。她看了看陶丝，然后盯着彼特说："很快就会成交。"

这时候，陶丝说："我们喜欢海边的房子。这样，我们就可经常到海边散步了。"

"所以，你们早就想要一个海边的家了！"

"嗯，彼特是股票经纪人，他的工作非常辛苦。我希望他能够多休息休息，这就是我们每年都来佛罗里达的原因。"

"如果你们在这里有一间自己的房子，就更会经常来这里，并且还会更舒服一些。我认为，这样一来，不但对你们的身体有利，你们的生活质量也将会大大提高。"

"我完全同意。"

说完这话，彼特就沉默了，他陷入了思考。玛丽也不说话，她等着彼特开口。

"房主是否坚持他的要价？"

"这房子会很快就卖掉的。"

"你为什么这么肯定？"

"因为这所房子能够眺望海景，并且，它刚刚降价。"

"可是，市场上的房子很多。"

"是很多。我相信你也看了很多。我想你也注意到了，这所房子是很少拥有车库的房子之一。你只要把车开进车库，就等于回到了家。你只要登上楼梯，就可以喝上热腾腾的咖啡。并且，这所房子离几个很好的餐馆很近，走路几分钟就到。"

彼特考虑了一会儿，拿了一枝铅笔在纸上写了一个数字，递给玛丽："这是我愿意支付的价钱，一分钱都不能再多了。不用担心付款的问题，我可以付现金。如果房主愿意接受，我感到很高兴。"

玛丽一看，只比房主的要价少一万美元。

玛丽说："我需要你拿一万美元作为定金。"

"没问题。我马上给你写一张支票。"

"请你在这里签名。"玛丽把合同递给彼特。

整个交易的完成，从玛丽见到这对夫妇，到签好合约，时间还不到30分钟！

适时的制造紧张气氛，让顾客觉得他的选择绝对是十分正确的，如果现在不买，以后也就没有机会了。你只要能调动客户，让他产生这样的心情，不怕他不与你签约。

顾客拿不定注意，就帮他说出决定来

假设你想买一件衬衫，到百货公司或专卖店选购。在你还未决定到底要买哪种颜色、样式、风格的衬衫时，必定会犹豫不决地在卖场里来回挑选，此时，店员便会走上前来为你服务。

"请问您需要哪种颜色的衬衫？"

"嗯，深蓝色的……"

"深蓝色的吗？这件您觉得如何？"

"嗯……花格子衬衫看起来似乎年轻了点，不符合我的年纪……"

"不会啦，您穿起来休闲又帅气，而且款式新颖，又很合您的身材，和您再相配不过了，老实说真是物超所值哩！您还考虑什么呢？"

"噢，是吗……嗯……好吧，就买这件。"

像这类客户和店员间的对话，在日常生活中屡见不鲜，或许你也曾有过类似的经验。只要认真分析一下，你就会发现其中的奥妙。

其实客户在进入商店之前，往往只是单纯想买件衬衫，对于样式并没有任何概念。而店员在观察到他犹豫不决的神态后，脑海中便飞快地拟出一套推销策略。他随手拿起一件放在面前的衣服，告诉客户这是"最流行的""穿起来非常合身"之类的话，让客户不知不觉产生一股"想要买下来"的冲动。

正因为客户在踏进这家店之前，心中还弄不清楚自己究竟想要买哪种样式的衬衫，所以在听完店员一席话之后，便以为自己心目中理想的衬衫就是眼前这一件，于是痛痛快快地买下，而店员也因此成功说服客户成交了一笔生意。

这样的例子，在日常生活中不胜枚举。

为什么人们会那么容易被说服呢？那是因为人们做事普遍都有一种倾向，那就是：

1．希望别人给出一个理由

人们在做一件事的时候，总是习惯先考虑为什么。所以如果你想让别人做某个决定，就要先告诉他们这样做的理由。但是，你提供的这个理由必须能够让他（她）接受，否则会适得其反。你要让他们相信，你的理由对他们有利，如果照你说的做，他们是真正的受益者。

2．思维误区

在涉及真的需要做出决定的问题之前先问一些其他有明确答案的问题，比如："您希望日子过得更好一些，是吗？"或者"您希望钱花在最有价值的东西上，是吗？"等等。这些问题通常是只能用"对"来回答的。这样，人们就会进入一个表示同意的思维框架，在需要做决定的时候，他（她）就更容易说"对"。

3．非此即彼

在期待对方做出决定时，如果你让对方发现，不管怎样说，他（她）都是在对你说"对"，只是选择不同而已，那你就成功了。比如，你可以说："你喜欢这一件还是白色的那一件？"而不要说，"你要一件吗？"

4．"我期待着您说'好'"

几乎所有的人都是中立的，他们在决定面前习惯于被领导。所以，你要让他们做决定之前明确地感觉到，你在期待着他们说"好"。这种感觉往往让许多人毫不犹豫地随你而去，学会说"好"。

5．怕自己的判断会出错，于是盲目从众，将价值的衡量权完全交由他人

换句话说，只要有人处处顺从自己的心意，我们便很容易将那人当作知己，进而全盘接受他。要说服客户不仅要懂得晓以利弊，还要让客户明白，若接受你所提出的建议会产生什么好处，更要进一步说服对方付出行动。

用"让反对问题成为卖点"的技巧做回复

一些行销人员在遇到客户提出一些负面问题，或者是指出产品的缺点时，就慌忙进行掩盖，结果越掩盖越是出现问题。其实，很多时候，客户的一些反对问题也能成为行销的独特"卖点"。

"让反对问题成为卖点"是一种很棒的销售技巧，因为它的说服力道非常强。所谓"准客户的反对问题"有两种：一个是准客户的拒绝借口，一个是准客户真正的困难。不管是哪一种，只要你有办法将反对问题转化成你的销售卖点，你都能"化危机为转机"，进而成为"商机"。如果这是准客户的拒绝借口的话，他将因此没有借口拒绝你的销售；如果是准客户的真正困难所在，你不就正好解决了他的困难吗？他又有什么理由拒绝你的销售呢？

假如你是银行信用社的，顾客说："不用了，我的卡已经够多了。"

你可以这样回答说："是的，常先生，我了解您的意思，就是因为您有好几张信用卡，所以我才要特别为您介绍我们这张'××卡'，因为这张卡不管是在授信额度上、功能上或是便利性上，它都可以一卡抵多卡，省去您必须拥有多张卡的麻烦……"

如果客户说："我现在没钱，以后再说吧。"

行销人员可以说："听您这么说，意思是这套产品是您真正想要的东西，而且价格也是可以接受的，只是没有钱。我想说的是既然是迟早要用的东西，为什么不早点买？早买可以早受益。而且，世界上从来就没有钱的问题，只有意愿的问题，只要您决定要，您就一定可以解决钱的问题。"

如果客户说："价格太高了。"

221

行销人员可以说："依您这么说，我了解到您一定对产品的品质是相当满意的，对产品的包装也没有异议，您心里一定也想拥有这套产品。既然对品质、包装、功效方面这些重要的事情上是满意的，就没有必要在乎价格的高低，有些时候，价格真的不重要。"

如果客户说："我想现在不需要，需要的时候再找你吧。"

行销人员就可说："谢谢您对我的信任。听您的意思是说，现在不需要，以后肯定需要。那就是说您对产品的各个方面都是相当满意的，是吧？既然以后肯定需要，为何不现在买呢？我很难保证以后是不是可以这么低廉的价格买到品质这么好的产品。"

假如顾客说："没有兴趣。"

行销人员就可说："是的，正因为你没有兴趣，我才会打电话给您。"

假如顾客说："我已经有同样的东西，不想再找新厂商了！"

行销人员就可说："依您这么说，您是觉得这种产品不错嘛！那您为什么不选择我们呢？我们公司可以提供您更优厚的运转资金条件，节省下来的资金费用正好可以付每个月的维修费用，每个月维修等于是免费的呢！"

假如，你的客户对你说："……我现在还不到 30 岁，你跟我谈退休金规划的事，很抱歉！我觉得太早了，没兴趣。"

行销人员就可以用"让反对问题成为卖点"的技巧回复他："是的，我了解您的意思。只是我要提醒孟小姐的是，准备退休金是需要长时间的累积才能达成的，现在就是因为您还年轻，所以您才符合我们这项计划的参加资格。这个计划就是专门为年轻人设计的。请您想一想，如果您的父母现在已经五六十岁了，但是还没有存够退休金的话，您认为他们还有时间准备吗？所以，我们也就无法邀请他们参加了！"这样一来，客户就很可能被你的反对问题给说服了，而理所当然地愿意与你达成交易。

所以，在行销中，如果客户提出一个在一般人看来都是一条很充分的理由拒绝你时，你不妨采用"让反对问题成为卖点"的技巧，这样往往会让你有意外的收获。

说到客户的痒处，行销更有效

了解客户是获得成交的前提。在面对资料不明细的客户时，行销人员要做好充分的前期调研工作，了解客户最需要的东西并满足他，挠到客户的痒处，从而顺利达到销售目的。

电话销售员："您好，请问陈工在吗？"

客户："我就是。"

电话销售员："陈工，您好。我是××公司的销售代表，张恒。我们公司即将在深圳会议展览中心举办一个新产品巡回展，时间是7月8日，请问您有时间参加吗？"

客户："我现在还不能确定。"

电话销售员："我们所有的产品都将展示出来，而且我们公司的电子商务专家也会亲临现场，他对互联网的数据中心很有经验，您一定会感兴趣的。"

客户："有数据中心的讲座？如果有时间我一定去。"

电话销售员："我马上寄请柬给您，并会提前打电话与您确认。另外，陈工，我可以了解一下你们报社的情况吗？"

客户："我只有5分钟时间，一会儿要去开会。"

电话销售员："那好，我抓紧时间。你们报社发展很快，前几天我在厦门出差时，看到厦门的报摊上也在卖你们的报纸。您知道，报社高速发展依赖于信息系统的支持。报社的信息系统主要有哪些部分？"

客户："我们主要有编辑系统、记者采编系统、办公系统和我们的网站。"

电话销售员："您现在的主要工作是什么呢？"

客户："我们现在正在研究报社的 Internet 数据中心。我们刚刚在厦门开了一个这方面的研讨会。"

电话销售员："是吗？我们的客户服务中心和工厂也在厦门，您喜欢厦门吗？"

客户："厦门是个很安逸的城市，风景和气候都很好。"

电话销售员："饮食呢？您喜欢厦门的小吃吗？"

客户："不错，鼓浪屿的新四海馅饼很有特点。"

电话销售员："哦，您的会议开得怎么样？"

客户："很好，所以我对你们的展会有一些兴趣。对不起，我要去开会了。"

电话销售员："好吧，我现在就将请柬寄给您，我们会展中心见。"

一周后，客户收到了请柬和各种口味的鼓浪屿新四海馅饼。

案例中电话销售员在开始请客户参加公司新产品巡回展时，客户的态度并不明朗，而听到"我们公司的电子商务专家也会亲临现场，他对互联网的数据中心很有经验"时，客户的反应积极起来，从而使得双方的交谈顺利下去。

为什么态度会发生如此大的转变呢？原来该电话销售员是一家计算机公司的销售代表，在分派任务时，经理让他负责《××晚报》报社这个客户。现在他要知道这家晚报负责采购的人是谁，什么时间采购，由谁决定采购计划。

为了掌握这些资料，首先，该销售代表浏览了这家报社的网页，了解报社的组织结构、经营理念、通信地址和电话，然后把这些资料记录到客户资料中。

随后，他打电话给一些报社的老客户，了解到报社的计算机主要应用于编辑排版系统和记者采编系统。

他又向行业界的朋友打听了关于这家报社的情况，他们告诉他报社信息中心有一位工程师叫陈旭，经常与厂家联系，最近陈旭一直在了解互联网数据中心方面的进展。

最后，该销售代表又搜索了自己的邮件，找到了市场部定期发送给每个销售代表的关于最近市场活动的时间表，发现两周以后将会有一个新产品发布会在深圳会议展览中心举行。一切准备工作就绪之后，销售代表才拨通了陈旭的电话。

为接触客户而进行充分的前期准备，了解客户最需要的东西并满足他，才会让客户有兴趣与你交谈下去，沟通才能顺利进行。

另外，在与潜在客户沟通中，得知他喜欢鼓浪屿馅饼，于是销售代表在给客户送请柬时一并送上各种口味的鼓浪屿馅饼。在销售过程中，送给客户一点他喜欢的小礼物会带给客户惊喜，从而获得他的好感，这是一种典型的销售策略。

当客户满意时，主动提出成交请求

有位推销员多次前往一家公司推销。一天该公司采购部经理拿出一份早已签好字的合同，推销员愣住了，问客户为何在过了这么长时间以后才决定购买，客户的回答竟是："今天是你第一次要求我们订货。"

成交是销售的关键环节，即使客户主动购买，而推销员不主动提出成交要求，买卖也难以成交。因此，如何掌握成交的主动权，积极促成交易，是推销员必须面临的一个重要问题。

"你也看到了，从各方面来看，我们的产品都比你原来使用的产品好得多。再说，你也试用过了，你感觉如何呢？"推销员鲁恩试图让他的客户提出购买。

"你的产品确实不错，但我还是要考虑一下。"客户说。

"那么你再考虑一下吧。"鲁恩没精打采地说道。

当他走出这位客户的门口后，恰巧遇到了他的同事贝斯。

"不要进去了，我对他不抱什么希望了。"

"怎么能这样，我们不应该说没希望了。"

"那么你去试试好了。"

贝斯满怀信心地进去了，没有几分钟时间，他就拿着签好的合同出来了。面对惊异的鲁恩，贝斯说："其实，他已经跟你说了他对你的产品很满意，你只要能掌握主动权，让他按照我们的思路行动就行了。"

在客户说他对商品很满意时，就说明他很想购买产品，此时鲁恩如果能再进一步，掌握成交主动权，主动提出成交请求，就能积极促成交易。面对这样的客户，销售人员不要等到客户先开口，而应该主动提出成交要求。

要想顺利成交，销售人员要做到以下几点。

首先，业务员要主动提出成交请求。许多业务员失败的原因仅仅是因为没有开口请求客户订货。据调查，有71％的推销员未能适时地提出成交要求。美国施乐公司前董事长彼得·麦克说："推销员失败的主要原因是不要求签单，不向客户提出成交要求，就好像瞄准了目标却没有扣动扳机一样。"

一些推销员害怕提出成交要求后遭到客户的拒绝。这种因担心失败而不敢提出成交要求的心理，使其一开始就失败了。如果推销员不能学会接受"不"这个答案，那么他们将无所作为。

推销员在推销商谈中若出现以下三种情况时可以直接向客户提出成交请求：

1. 商谈中客户未提出异议

如果商谈中客户只是询问了产品的各种性能和服务方法，推销员都一一回答后，对方也表示满意，但却没有明确表示是否购买，这时推销员就可以认为客户心理上已认可了产品，应适时主动地向客户提出成交。比如："李厂长，你看若没有什么问题，我们就签合同吧。"

2．客户的担心被消除之后

商谈过程中，客户对商品表现出很大的兴趣，只是还有所顾虑，当通过解释解除其顾虑，取得其认同时，就可以迅速提出成交请求。如："王经理，现在我们的问题都解决了，你打算订多少货？"

3．客户已有意购买，只是拖延时间，不愿先开口

此时为了增强客户的购买信心，可以巧妙地利用请求成交法适当施加压力，达到交易的目的。如："先生，这批货物美价廉，库存已不多，趁早买吧，包你会满意。"

其次，向客户提出成交要求一定要充满自信。美国十大推销高手之一谢飞洛说："自信具有传染性，业务员有信心，会使客户自己也觉得有信心。客户有了信心，自然能迅速作出购买决策。如果业务员没有信心，就会使客户产生疑虑，犹豫不决。"

最后，要坚持多次向客户提出成交要求。美国一位超级推销员根据自己的经验指出，一次成交成功率为10％左右，他总是期待着通过两次、三次、四次、五次的努力来达成交易。据调查，推销员每获得一份订单平均需要向客户提出 46 次成交要求。

成交没有捷径，推销员首先要主动出击，引导成交的意向，不要寄希望于客户主动提出成交。

用恰当的顾客体验和产品解说

销售人员要增加顾客的产品体验，让顾客感受到切实的品质，配以专业的技术解说，让产品质量去说服顾客。

有一位顾客到A家电专卖店想购买一套组合音响，A销售人员带顾客看了一圈。

顾客："刚才看的那两款组合音响不错，价钱怎么算？"

A销售人员："那个较大的是1500元，另外一个是2300元。"

顾客："啊？那个小的为什么比较贵，我们外行看来觉得小一点儿的应该更便宜才对！"

A销售人员："那个小的进货的成本就快要2150元了，只赚您150元。"

顾客本来对体积较大的那套1500元的组合音响有一点兴趣，但想到另外一套小的居然要卖2300元，那较大的那套组合音响的品质一定粗制滥造，因此，就不敢买了。

顾客又走到隔壁的B家电专卖店，看到了同样的组合音响，打听了价格，同样的是1500元及2300元，顾客就好奇地请教B销售人员。

顾客："为什么这套小的组合音响反倒要卖2300元？"

B销售人员："先生，请您过来，我们放同样一首歌，比较比较。"

顾客依着他的话，听起了一手经典歌曲，一个音调比较高，一个声音低沉，不过小一些的组合音响音质明显好于那个大块头的组合音响。

B销售人员看了顾客的试听感受后，接着告诉顾客："1500元的这套组合音响声音稍微高一些，您会觉得很舒服，而2300元的组合音响音调并不是那么高，而且声音的清晰度也有一些差别，这是因为两套组合音响喇叭上的金属膜使用的材料不一样，2300元的组合音响使用了做工最精良的钛金属膜，因此音质更好，低音深沉，高音不会爆音。您要知道，经常爆音或音调比较高的组合音响对听力有一定的损害，而低音的组合音响效果则会好很多。但光是钛金属膜的成本就要多出将近500元。而且，您看这套小型的组合音响的支架是碳纤维的，它比一般非纯钢的组合音响支架寿命要长一倍，它不会因为受到空气的腐蚀就生锈折掉，也能保证更轻重量的前提下承受更大的重力，碳纤维在 F1 赛车上应用很广泛。因此，这套小一些的组合音响支架的平均使用年限要比那把多一倍。"

"另外，这套小型的组合音响，虽然个头比较小，但它完全是依照最新的杜比音质认证标准设计和调试的，因此音质非常好，也把对听力的损害降到了最低，即使长期听歌看电影也不会使耳朵难受。一套好的组合音响对于家庭影院来说，实在是非常重要。这套组合音响虽然个头不如那套大，但却是一套精心设计的好音响。老实说，那套 1500 元的组合音响中看不中用，使用价值和听觉感受远远没有这套 2300 元的高。"

顾客听了 B 销售人员的说明后，心里想：还好只贵 800 元，为了保护我的听力并获得更高的听觉感受，就是贵 1000 元我也会购买这套设计精良的小组合音响。

对于同样的产品同样的价格，A 销售人员和 B 销售人员使用了不同的产品简介方法和不同的顾客体验，得到了截然不同的结果。对于持有价格异议的顾客，更好的产品体验和产品解说，往往能扭转这种异议，从而促进成交，而顾客体验的神奇功效就在于此。

在销售失败的原因中，价格没有达成一致是其中一个很重要的原因。但实际情况是，价格没有达成一致的背后往往隐藏着更深刻的原因。这个案例就说明，在有价格异议的情况下，增强顾客体验的方法很有可能扭转价格异议。

在这个案例中，A 专卖店的 A 销售人员面对顾客的价格质疑，只是采取了常规的解释方法，当然不能令顾客满意，并且还在顾客的头脑中形成了便宜组合音响品质不好的猜想（虽然事实确实如此），销售必然是以失败而告终。

当顾客来到 B 专卖店，面对顾客同样的价格质疑，B 销售人员采取

　　了截然不同的销售方法，他首先让顾客试听一首歌来亲自体验一下两套组合音响的不同，从而在顾客的大脑中建立对两套组合音响的初步认识，在此基础上，他又利用自己的产品解说优势，深入分析了两套组合音响的不同之处及贵的组合音响的种种好处，从而把顾客的思维从大的好转向小的好，并且取得顾客的认同，成功地销售了一套2300元的组合音响。

　　成功的销售人员都应该知道，在通常情况下，顾客一边想得到质量最好的产品，而一边又想花钱少。这时候就需要销售人员能够洞悉顾客心理，使用恰当的顾客体验和产品解说，并且灵活运用产品的技术优势，以实现销售的目的。

第十五章　善始善终，人走茶不凉

完美的道别，为下次接近奠定基础

在推销活动中，双方交易结束后，推销员是马上离开还是聊些无关紧要的话题？这是一个很重要的问题，需要销售人员认真对待。销售人员要适时恰当地收场，向客户友好道别。本次交易的收场是否适当，也许决定着是否会有下一次成交的机会。

夏宁是一个家房产公司的优秀推销员，由于其工作经验丰富，经理总是让他对公司新人进行培训指导。他每一次在给新员工培训都会讲述自己初入行业的一个件事：

"那是我进入公司的不久，由于工作主动热情，很快就拥有了自己的客户，可是业绩并不理想。眼看着月底就到了，而自己还没有做成一笔交易，我很是着急。也就在这个时候，我一直在联系的一个客户决定转换房产，于是我耐心地带他看了几处后，终于他确定了自己认为合适的房子。

"接下来就顺利地签订了买卖协议，可是当双方放下笔后，我却不知道此时应该怎么办？呆呆地坐着，不敢先离开也不知道应该说什么？就这样，过了一会，还是那位客户对我说'小伙子，你现在可以离开了。'我才站起身与客户握手道别。"

推销员最初可能都会遇到夏宁这种情况，尴尬局面的形成是因为他当初不懂如何与客户道别，怎么做才是合适而友好的方式，再加上当时签订了那么大一笔交易后激动的心情，可能就不知道如何是好了。每个推销员都应该明白收场后要和客户友好道别。这也是很重要的一个环节。

推销员应当认识到，完美的道别能为下一次接近奠定基础，创造条件。买卖双方的分手，只是做好善后工作的开始。销售结束时，销售人员要有恰当的收场。既不能感激涕零令客户倒尽胃口，让客户生厌；也不能让客户觉得你太冷淡。在与客户道别时，要求推销人员面对客户，在态度上有诚恳的表示，在言辞上有得体的话语。

因此，成交以后推销人员匆忙离开现场或表露出得意的神情，甚至一反常态，变得冷漠、高傲，都是不可取的。达成交易后，推销人员应用恰当的方式对客户表示感谢，祝贺客户做了一笔好生意，让客户产生一种满足感，对此点到即可。随即就应把话题转向其他，如具体地指导客户如何正确地维护、保养和使用所购的商品，重复交货条件的细节等。

成交确认后，推销员说话技巧不仅要表现出友好的一面，而且还应当特别注意离开现场的时机。推销人员是否应立刻离开现场需酌情而定，关键在于客户想不想让你留下。有人说，成交后迅速离开，可以避免客户变卦，其实不然，如果推销工作做得扎实，客户确信购买的商品对自己有价值，不想失去这个利益，一般是不会在最后一分钟改变主意的。但若未让客户信服，即使推销人员离开现场，他也会取消订单。

因此，匆忙离开现场往往使客户产生怀疑，尤其是那些犹豫不决、勉强做出购买决定的客户，甚至会懊悔已做出的购买决定，或者变卦，或者履行合同时设置障碍，使交易变得困难重重。但是签约后，不宜长久逗留，只要双方皆大欢喜，心满意足，这种热情、完满、融洽的气氛是离开现场的最好时机。为了不至于让过去的努力前功尽弃，应注意下面这些细节：

（1）不要过分紧张。

（2）不要说多余的事。

（3）不要讲太多的话。

（4）要适时保持沉默。

（5）不要采取悲观的态度。

（6）千万不要在结束商谈之前与客户发生争执。

（7）不要使用否定性的语句。

（8）不要被客户掌握主动权。

（9）关于各项条件，态度需坚定。

（10）不要变成向对方请求的模样。

（11）尽快签署收款单或合同。

（12）不要以暂时性的战术作为赌注。

（13）坚持到最后，不要放弃。

（14）不要做不必要的久留。

以闲聊的方式留住关系

有些销售人员没有认识到关系的重要性，以及人际关系对未来销售工作的影响。他们没有关系时，不知道如何拓展关系；有了关系，不知道如何利用关系。而成功销售人员的通常做法是：跟老客户沟通联系时，敏锐地捕捉销售机会，充分利用关系的力量。

高瑜是一家健身俱乐部的营销人员，她的主要工作就是通过电话推广一种健身会员卡。该俱乐部共有15个电话营销团队,每个团队10人。在高瑜刚加入俱乐部时，她所在团队的整体业绩排在最后一名，在她工作三个月后，该团队的业绩上升到了第一名，她个人业绩也排在全俱乐部第一名。

当问到她的成功经验时，高瑜毫不掩饰地透露了她的秘密：每个月的前 20 天寻找新客户，后 10 天维护老客户。

她举了一个维护老客户的例子。

高瑜："谢总，您好！我是高瑜，最近在忙什么呢？"

谢总："高瑜啊，你好，你好，最近出了趟差，刚回广州。"

高瑜："怪不得我这几天都没看到您来我们这儿锻炼身体了，出差挺辛苦的，什么时候到我们这儿放松一下？"

谢总："明天我就约几个朋友过去打网球。"

高瑜："您的朋友都有我们的会员卡吗？"

谢总："哦，想起来了，他们还没有呢。"

高瑜："那赶紧给他们办呀！"

谢总："如果同时办三张，你们有没有优惠？"

高瑜："同时办三张没有优惠，俱乐部规定同时办五张可以打 8 折。"

谢总："我只有这三个要好的朋友，买多了也是浪费呀！"

高瑜："请问谢总，您平时除了运动之外，还有其他爱好吗？"

谢总："偶尔和几个朋友打打牌什么的。"

高瑜："打牌赌钱吗？"

谢总："我们都玩得很小，还谈不上'赌'字。"

高瑜："您抽烟吗？"

谢总："抽烟啊！"

高瑜："这还不简单，省下您买烟和打牌的钱就可以多买两张卡了。以后就不要打牌了，有时间就直接到我们这儿锻炼锻炼身体，我这就给您办啦，您明天带朋友过来就可以立即拿卡了。"

谢总："好哇，我说不过你，要不你到我公司来上班吧，怎么样？"

高瑜："谢谢谢总，我现在到您公司去还不是时候，等到有一天，我在这家公司把本领炼到炉火纯青时，再到您公司去才有价值呀。说好了，您明天一定要过来哦，我已经给您申请了五张年度卡，每张卡打 8 折，共 8000 元，明天直接过来拿就好了。"

谢总："好吧。"

这是一个典型的依靠关系销售的例子。高瑜依靠以往与客户建立的合作关系来完成新的销售。在案例的开始，高瑜就透露了她成功的秘密：每个月的前 20 天寻找新客户，后 10 天维护老客户。这完全是一种由经验总结得出的方法。维护老客户凭借的就是双方以前建立的良好关系而获得新的订单。

高瑜在与老客户谢总通话时，以闲聊的方式开始，让客户感觉推销员是在关心自己，而不是向自己推销东西。然后高瑜又以客户工作辛苦、需要放松为由，邀请客户来俱乐部健身。当客户说"明天我就约几个朋友过去打网球"时，高瑜捕捉到这个机会，趁机询问谢总的朋友有无会员卡，成功地让双方的谈话转移到自己的业务上来，体现了推销员高超的沟通水平。

在接下来的谈话中，高瑜一直在进行情感攻势，同时把客户的思维也固定在这方面，最后成功推销出 5 张会员卡。由此可见，推销员要想获得好的销售业绩，既要开发新客户，还要注意保持与老客户的良好关系，挖掘他们的需求。

跟踪服务，展开人情攻势

一位客户几年前刚买了套新房子，虽然他非常中意这套房子，但由于它的售价很高，交易完成后，这位客户一直在为自己这笔买卖做得是否值得而心存焦虑。当他搬进新居后，大约过了两个星期，销售这套房子的销售员就打来了电话。

销售员："嗨，彼得先生，我是杰克。恭喜您住进了新居。"

客户："杰克，谢谢。"

销售员："彼得先生，真佩服您的慧眼独具，挑中了这么一套好房子。"

客户："你客气了，我感觉这套房子买得有点贵了。"

推销员："彼得先生，怪我没跟您说清楚，这套房子确实是物有所值。您是不是感觉到这里的治安特别好，周围的环境也特别清静？对您这样需要休养的人士来说，是最合适不过的了。"

客户："我已经感觉到了这一点，周围的环境是挺不错。"

推销员："附近几家房屋的买主多是地方上赫赫有名的人士，他们都需要好的休息环境，所以也选择了这里。"

客户："你是说，我的邻居们都是一些当地有名的人士！"

推销员："是这样的，彼得先生，要不怎么说您独具慧眼呢！"

客户："杰克，这可也有你一部分功劳呀。对了，我有一位朋友对这附近的一幢房子很感兴趣，你去跟他联系一下吧！"

推销员："太谢谢了，有您这样的老朋友真是我的荣幸。"

案例中的客户正在为买价是否过高而心存焦虑时，销售员打来电话向客户道贺，赞赏他慧眼独具，挑中了这个好房子，还聊到这附近良好的治安和环境，并指出附近几家房屋的买主多是地方上赫赫有名的人士，使客户不禁引以为豪，认为自己买对了，最后还推荐了自己的朋友。

一般来说，新客户对于他们刚买下的商品有两种态度，一是庆幸自己买对了，二是后悔自己买错了。如果是第一种态度并且商品使用起来的确很方便，他们更会赞不绝口，乐于向他们的亲朋好友推荐。而如果是第二种态度并且商品使用起来很不方便，则他们会将抱怨向四周扩散，影响其他人的购买。因此，销售人员每隔一周左右应打电话关切地询问客户使用产品的情况，若有任何不清楚的地方，销售员一定要提供周全的咨询服务。这样一来，这些客户将会得到满意的处理结果，通过他们，你就可以开发出更多的潜在客户。

所以，交易结束后，我们最主要的工作是发展同老客户的友谊。具体工作是，我们要为完成交易的客户建立档案，并进行跟踪服务和展开人情攻势，不仅使之继续购买我们的产品，还要使之作为我们的朋友为我们推荐新客户，另外还要成为我们可以随时引述的活广告、活证据。因此，我们一定要注意发展与老客户的友谊。

回访，激起客户重复购买的欲望

有这样一个故事：一天怀特先生突然想算算买过多少辆汽车。结果是 12 辆，这让怀特先生大吃一惊。这些汽车分别是由 12 个推销员卖给怀特的。让怀特奇怪的是，这 12 个人中没有 1 个人再和他联系过，他们在卖车时都大献殷勤，可把车钱拿到手后，就像变成空气消失了一样。

这是否有点不正常？怀特先生向周围的人问过，他们大多数也有这样的感觉。

在行销中，这个问题是最常被行销人员所忽视的。他们老是犯同样的一个错误：总以为把产品卖出去拿到钱后就万事大吉了，至于是否和客户联系就不那么重要了。

殊不知，商业界中普遍存在着一个 80 ：20 法则。这个法则用在客户身上，就是 80％的业绩是借助于 20％的客户，20％的业绩来自于80％的客户。而这又可以理解为 80％的业绩来自于老客户的重复购买和推介，20％的业绩来自于自己新开发的客户。无论你从事哪种行业，你只要能够找到完成你 80％业务量的 20％的客户，你就成功了。这就是为什么有的推销高手总是那么轻松的原因，他们每天的工作就是利用电话联系联系老客户。

由此可见，老客户对于行销人员的业务来说是何等重要，因此经常与客户电话联系是非常重要而且是必要的。老客户就像老朋友，对方一听到老朋友的声音就会产生一种很亲切的感觉，所以当行销人员在给老客户打电话时，对方基本上不会拒绝。

行销人员："孟总您好，我是 A 公司的小舒，您曾经在半年前使用过我们的会员卡预订酒店，今天特意打电话过来感谢您对我们工作的一贯支持。另外有件事情想麻烦一下孟总，根据我们系统的显示，您最近三个月都没有使用它，我想请问一下，是卡丢失了，还是我们的服务有哪些方面做得不到位？"

孟总："噢，上一次不小心丢了。"

行销人员："哦，是这样呀，那我帮您……"

从事销售工作的人都知道，开发一个新客户花的时间要比维系一个老客户的时间多 3 倍。权威调查机构的调查结果显示，在正常情况下，客户的流失率将会在 30% 左右，为了减少客户的流失率，我们要时常采取客户回访方式与客户建立关系，从而激起客户重复购买的欲望。

通常在做客户回访时，行销人员可以采取交叉销售的方法，向客户介绍更多的产品，供客户选择。行销人员在客户回访时要注意以下几点：

（1）在回访时首先要向老客户表示感谢。

（2）咨询老客户使用产品之后的效果。

（3）咨询老客户现在没再次使用产品的原因。

（4）如在上次的交易中有不愉快的地方，一定要道歉。

（5）请老客户提一些建议。

行销人员："朱先生，我是 A 产品公司的小张啊，最近可好？"

客户："最近心情不太好。"

行销人员："朱先生，怎么回事？嗯，看看我今天可不可以让您心情好一些。我今天打电话给您的原因是，我们营业部最近推出老客户投资技巧服务，很多老客户都反映不错，我也想了解一下您是否有需要我为您服务的地方？"

虽然所有的推销员最感兴趣的都是发展新客户，但你绝不能忽视现有的客户，要明白最好的潜在客户就是目前的客户。如果你一直坚持这种想法，就一定会与客户建立起长期而友好的关系。

从现在开始，你应该对老客户有一个新的认识，你需要经常与老客户电话联系，密切关注竞争对手的行为。如竞争对手正以什么方法和你的客户接触？客户的需求是否需要调整？是否还有其他的业务机会？

说出了承诺的话，就要会维护

艾娃是一位摄影器材推销员，她与客户克莱特已经打了很长时间的交道。这天，她又给克莱特的工作室打去了电话。

艾娃："克莱特先生，今天的客人（摄影者）多吗？"

克莱特："不多，有些预约今天的电话我都推掉了。"

艾娃："为什么？今天有什么活动吗？"

克莱特："有一个大客户需要我们到他们的场地去拍摄。对不起，我马上就要收拾东西走了。"

艾娃（有些着急）："克莱特先生，我们谈的关于您引进摄影器材的问题不知您能不能定下来？"

克莱特："你也听到了，我今天没时间。"

艾娃："克莱特先生，您若购买我们这种器材，我还可以为您提供几个大客户。我在销售场这些年，认识了各行各业的人，其中有两个人就提到了要请个专业的摄影师为自己的婚礼摄影，还有为公司开业做录像的。"

克莱特："是吗？那么我倒是可以考虑。"

艾娃："那就这么说定了。"

克莱特："好，我下午回来就可以和你签购买协议。"

（拿了订单的艾娃立刻就把自己的承诺扔到了九霄云外，满怀希望的克莱特既等不来艾娃的电话，也等不来艾娃介绍的客户。终于，他怒不可遏地拿起电话打给艾娃。）

克莱特："你这个骗子，为了获得订单就骗人说你有客户，你这样做还会有哪个客户信任你？"

艾娃这才想起她的承诺，其实她哪有什么为婚礼而找摄影师的朋友呀，那只不过是她为了尽早拿到那笔订单而信口找来的理由罢了。

推销人员常常通过向顾客许诺来打消顾客的顾虑，如许诺承担质量风险，保证商品优质，保证赔偿顾客的损失；答应在购买时间、数量、价格、交货期、服务等方面给顾客提供优惠。但是有些销售员说起话来口无遮拦，随处许诺，甚至许下一些自己根本就实现不了的诺言。

一些人是夸大自己的能力和产品的性能，另外一部分人是压根就没准备兑现自己的承诺，他们都是一帮前说后忘的人。久而久之，这种"空头支票"的落空必然会加剧他人的反感，更不用说什么信任感了。作为一名销售员，最好不要开"空头支票"。"空头支票"不仅仅会增添他人的无谓麻烦，而且还会损害自己的名誉。华盛顿曾说："一定要信守诺言，不要去做力所不能及的事情。"这位先贤告诫他人，因承担一些力所不及的工作或为哗众取宠而轻诺别人，结果却不能如约履行，是很容易失去客户的信赖的。

因为当对方没有得到你的承诺时，他不会心存希望，更不会毫无价值地焦急等待，自然也不会有失望的经历。相反，你若承诺，无疑在他心里播种下希望，此时，他可能拒绝外界的其他诱惑，一心指望你的承诺能得以兑现，结果你很可能毁灭他已经制定的美好计划，或者使他失去寻求其他外援的时机。

如此一来，客户因你不能信守诺言而不再相信你了，当然也不会愿意再与你合作了。

如果可以不许诺的话，销售人员要尽可能地减少对客户的承诺，即使是那些你很容易就可以做到的事情。这是因为，当你热情主动地为客户做了那些当初没有许诺的事情时，客户会感觉你做的事情超出他们的期待，这会使他们感到非常满意。而这种超出期待的满意情绪对你和客户今后的友好联系具有举足轻重的意义。听听一些客户对那些聪明的客户维护人员的评价，你就会对这种意义有所了解：

"虽然王先生的产品价格并不比其他人的便宜，但是我仍然愿意向他购买产品，这是因为他总能在最后给我带来许多惊喜……"

"那位推销员不像其他推销员那样善于言谈，不过我对他更放心一些，因为他为我做的事情要比那些夸夸其谈的家伙多得多……"

"在购买过程中我忘了问销售人员是否可以随时调换，本来是抱着试一试的心理，可是我没有想到这么容易就可以调换产品了……"

在与客户沟通的任何阶段，销售人员都要对客户保持诚信。如果你欺骗了客户，那他（她）迟早会有所察觉，一旦他们感觉到被欺骗，那你就永远别想从他们那里获利。

当然有时适度的承诺可增强客户的购买决心，促进销售的顺利完成。例如：

"对于送货期限，您大可放心，我保证……"

"如果您现在就签署订单的话，那我就答应……"

"如果您先生不喜欢这种花样的话，那您随时可以找我调换……"

适当的承诺的确可以达到增强客户购买决心的目的。如果在销售沟通的过程中，对于客户比较关心的一系列问题销售人员都不能给予及时承诺的话，客户就会对产品或服务增加疑虑，从而不利于接下来的沟通。所以在具体的沟通过程中，如果客户提出的要求是合理的，同时确保自己可以通过努力满足客户的要求，而且这些承诺有利于促进交易的实现，那么销售人员就可以做出承诺。

经常询问，把新信息反馈给老客户

千万不要销售成功就立刻走人，要为下次销售埋下种子。比如一个优秀的推销员会适时地询问老客户是否还有其他的需求，以便寻求下一次合作的机会。老客户需要新的产品时，如果推销员及时地把最新产品信息反馈给老客户就很容易实现二次销售。并且一定要让客户感受到，你非常珍视与他们的交易。要让他们明白，你对他们的决定深信不疑，一旦有机会，你还会给予他们帮助。销售后，要保持联络，这样你们就建立了联系。

李东自己经营一家电脑公司，他同时负责公司的电脑销售，而且在这方面做得非常好。他说："一旦新电脑出了什么问题，客户打电话来要求维修，我会马上带着负责维修的工作人员前去维修，并会设法安抚客户，让他不要生气。我会告诉他，我们的人一定会把维修工作做好，他一定会觉得特别的满意，这也是我的工作。没有成功的售后服务，便不会有再次交易。如果客户仍觉得存在严重的问题，我的责任就是要和客户站在一边，确保他的电脑能够正常运行。我会帮助客户争取进一步的维护和修理，我会同他共同战斗，一起与电脑维修人员沟通，一起应付电脑供货商和制造商。无论何时何地，我总是要和我的客户站在一起，与他们同呼吸、共命运。"

李东将维护与客户的长期关系当做是长期的投资，绝不会卖一台电脑后即置客户于不顾。他本着来日方长、后会有期的态度，希望他日客户为他介绍亲朋好友来买电脑，或客户的子女长大成人后，继续将电脑卖给其子女。电脑卖出之后，他总希望让客户感到买到了一台好电脑，而且念念不忘。客户的亲戚朋友想买电脑时，自然首先便会考虑找他，这就是他的最终目标。

电脑卖给客户后，若客户没有任何联系的话，他就试着不断地与那位客户接触。打电话给老客户时，他开门见山便问："你以前买的电脑情况如何？"通常白天电话打到客户家里时，接电话的多半是客户家的保姆，她一般会回答："电脑情况很好。"他再问："有什么问题没有？"顺便向对方示意，在保修期内该将电脑仔细检查一遍，并让她提醒雇主在这期间送到厂里检修是免费的。

他也常常对客户家的保姆说："假使你需要装什么软件或程序的话，请打电话过来，我们会马上过去免费安装，并免费给你提供技术指导，请你及时提醒你的雇主。"

李东说："我不希望只销售给他这一台电脑，我特别珍惜我的客户，我希望他以后所买的每一台电脑都是从我这里销售出去的。"

把新的资料和信息及时反馈给老客户，询问老客户的特殊需求，这样第二笔生意就有了成交的可能，同时也为第二次交易设置了一个良好的开端。

在现实生活中，有很多销售人员认为生意只需谈一次，客户只要"骗"一次，成交了也就万事大吉了，于是他们会不断地开发新客户却又不断地失去老客户。其实，这种做法是错误的，可惜有很大一部分销售人员并不以为失去老客户是一种损失，反而认为这是正常现象，其实不然，拉住老客户将会使他们事半功倍。

当然，也有很多人懂得维护与老客户的关系，并和他们保持密切的联系，但往往还是会因为这样那样的原因，最终失掉了一些老客户。这对他们来说损失的不仅是一些老客户，还有与这些老客户们之间的第二次甚至第三次的合作，更会影响与这些老客户维持密切联系的信心。

有一名叫李斯特的销售人员，他在卖出产品之后，通常会不定期地告诉客户自己公司又新进了什么产品，并会将与之相关的一切资料反馈给客户，询问有什么产品是他们所需要的，他会尽力为他们挑选质优价廉而且适合的类型。

这里是一些与客户联系时可以用到的"开场白"，例如："请问你最近对产品感觉还满意吗？如果遇到什么问题请随时与我联系，我也会经常对你进行访问的……"

"产品到货有一个月了吧？你还习惯这种新产品吗？最近有一些不法分子假冒我们公司的售后服务人员，借上门维修之名骗取钱财，你需要特别注意，在产品保修期之内我们是不会向你收取任何费用的……"

"你对产品还有什么意见吗？我们公司离你那里很近，如果有时间的话，你随时可以到我们公司来参观一下，到时候你只要提前打电话给我就行了……"

让老客户介绍，用嘴巴搭建舞台

交易结束一段时间后，继续发展与客户的友谊，不仅使客户购买我们的产品，还要他们作为朋友为我们推荐新客户。

行销人员："刘总，您好！上次的那批机器有没有出现什么问题？"

客户："没什么问题，很好。"

行销人员："刘总，到现在我们合作已经有两个月了，我很想知道您对我们企业服务的看法，看有什么需要改进的。您对我的服务感到满意吗？"

客户："满意，挺不错。"

行销人员："首先谢谢刘总对我的鼓励。我希望也能把我满意的服务带给您身边更多的人，所以，刘总，就您所知，您觉得您身边有哪些朋友我也可以帮到他们？"

客户："让我想想。您和××联系一下看看，他是我一个多年的朋友，正在经营一家公司，可能会需要。"

行销人员："那太谢谢刘总了。他的联系方式是……"

客户："办公室电话是……"

行销人员："刘总，我希望您能亲自给他打个电话，这样，当我打电话给他时，他也不会觉得突然。"

客户："没问题，我等会儿就打电话给他。"

行销人员："刘总，我会随时把与××总联系的情况告诉您。您以后有什么问题，请您随时打电话给我。"

客户："好的。"

这是一个通过老客户推荐而赢得新客户的很好的例子。

许多业务员抱怨公司不能提供客户源，到底应该如何扩大订单，找到更多的客源呢？在这一方面，我们绝不能忽视老客户追加购买和向其他人推荐的作用。

你一定有过这样的经历，告诉朋友哪家餐厅很有特色，哪家商场东西质优价廉，哪家服装店正在搞大型促销活动。你会主动告诉别人或是在他人需要的时候主动提出来，其实并不是因为你可以从中获取什么样的实际利益，而只是单纯地提供意见，真心地提供帮助，把自己的真实感受说出来而已。

同样，在客户开发的过程中，当你在向客户推荐产品时，如果你的准客户对你的产品尚存在戒心和怀疑时，若能让你以前的客户现身说法，尤其是与准客户比较亲近的家人、朋友或是邻居，当他们谈产品的效用时，就会取得事半功倍的效果。因此，销售员要充分利用老客户资源来开发新客户。

有一项研究结果表明：推荐生意的成交率是55％。相比之下，如果你是个新手，可能你接触100个人都不能成交一单生意。可见，被推荐的客户对你是多么有价值！如果你能学会成功地获得推荐生意，你就不会把你的客户拱手让出了。

值得注意的是，当你的客户向你推荐了新客户以后，无论生意成功与否，你都要对老客户表示感谢，这是最起码的礼貌。老客户相信你，才会向你推荐，你应该有个回音。如果成功了，你告诉他，他会为你高兴；如果失败了，你告诉他，他会帮你再想办法。

第十六章 巧言善谈，没有攻不破的堡垒

把客户的危机感说出来

从事销售工作，我们会面临各种各样的顾客，不同的顾客有不同的说服交谈方法，如果我们遇到的是犹豫不决的顾客，那么我们不妨在言谈之间制造出一种危机感，让他树立起危机意识，这样你也就快接近成功了。

康耐斯从事保险工作多年了，他知道如何去应对各种类型的顾客，尤其是那些还没有保险意识的人。下面就是他说服客户的过程：

客户："我身体很健康，根本不需要买保险！"

康耐斯："听您这么说真应该恭喜啊！不知道您有没有玩过纸牌或是买过彩票？"

客户："玩过一阵子，现在不玩了！"

康耐斯："其实，我们每个人每天都在赌博！（客户愣了一下）和命运之神赌，赌健康、赌平安无事，如果我们赢了，就可以赚一两个月的生活费用，万一要是输了呢？将把日后家庭所有的费用全部输光。您认为这种做法对吗？您既然认为赌博不好，可是您现在为了省下一点点保险费，却是拿您的健康作为赌本，赌您全家的幸福！"

客户："我有存款可以应付家用，不需要买保险！"

康耐斯："储蓄是种美德，您能这么做可见您是个很顾家的人！但是，我冒昧地问一句，以您目前的存款是否能支付家里五年或十年以上的费用？哦！对了！我刚刚在外面看见您的车子，真漂亮！好像才开一年多吧！不晓得您有没有买安全保险？"

客户："有！"

康耐斯："为什么呢？"

客户："万一车被偷了或被撞了，保险公司会赔！"

康耐斯："您为了怕车被偷或被撞，为车子买安全险，车子怎么说也只是个代步工具，只是资产的一部分，但是，您却忽略了创造资产的生产者——您自己，何不趁现在为家庭经济购买'备胎'？"

客户："你说得有道理，那你说以我目前的状况买哪种保险最好呢？"

不买保险的人，有的是自忖身体健康不需要买，有的是自认为银行里有存款，可以应付家中生计，也不需要买。这一类型的客户，本身已具有一定的经济基础，只是危机意识不够强，推销员只要让潜在客户树立起危机意识，就一定能达到效果。

就像案例中的保险推销员，他面对的就是这种类型的客户，首先他把健康和赌博联系起来进行说明，为客户阐释健康保险的重要性；接下来，又把保险比喻成家庭经济的"备胎"，进一步形象地述说了保险对于客户来说是当务之急，最后成功说服了客户。

在做其他商品的销售时，我们也可以借鉴这一方法，说出客户的危机感，让他同意你的建议，购买你的商品或服务。

对理性客户的观点，言谈间表达出同意

有些客户是偏重于理性思考的，这种人的好奇心非常强，喜欢收

集各方面的信息，提出的问题也会比其他类型的购买者多。其实，销售人员在接通电话后，可以通过下面的一些方法识别这种类型的客户：如：他们最常说的话就是："怎么样？""它的原理是什么？""怎么维修？""通过什么方式给我送货啊？"。甚至有时候他们也会问："你多大了？""接待的顾客都是什么样的？""你干这一行多长时间了？"等等。

他们逻辑性强，好奇心重，遇事喜欢刨根问底，还愿意表达出自己的看法。作为一名行销人员就要善于利用这些特点，在销售过程中多同意他们的观点。

因为，对于这类客户，在谈话时，即使是他的一个小小的优点，如果能得到肯定，客户的内心也会很高兴的，同时对肯定他的人必然产生好感。因此，在谈话中，一定要用心地去找对方的价值，并加以积极的肯定和赞美，这是获得对方好感的一大绝招。比如对方说："我们现在确实比较忙"，你可以回答："您坐在这样的领导位子上，肯定很辛苦。"

常用的表示肯定词语还有："是的""不错""我赞同""很好""非常好""很对"……如："是的，张经理您说得非常好！""不错，我也有同感。"这一过程中切忌用"真的吗""是吗"等一些表示怀疑的词语。

行销人员小刘上次电话拜访张经理向他推荐A产品，张经理只是说"考虑考虑"就把他打发走了。小刘是个不肯轻易放弃的人，在做了充分的准备之后，再一次打电话拜访张经理。

小刘："张经理，您好！昨天我去了B公司，他们的A产品系统已经正常运行了，他们准备裁掉一些人以节省费用。"（引起话题——与自己推销业务有关的话题）

张经理："不瞒老弟说，我们公司去年就想上A产品系统了，可

经过考察发现，很多企业上 A 产品系统钱花了不少，效果却不好。"（客户主动提出对这件事的想法——正中下怀）

小刘："真是在商言商，张经理这话一点都不错，上马一个项目就得谨慎，大把的银子花出去，一定得见到效益才行。只有投入没有产出，傻瓜才会做那样的事情。不知张经理研究过没有，他们为什么失败了？"

张经理："A 系统也好，S 系统也好，都只是一个提高效率的工具，如果这个工具太先进了，不适合自己企业使用，怎能不失败呢。"（了解到客户的问题）

小刘："精辟极了！其实就是这样，超前半步就是成功，您要是超前一步那就成先烈了，所以企业信息化绝对不能搞"大跃进"。但是话又说回来了，如果给关公一挺机枪，他的战斗力肯定会提高很多倍的，您说对不对？"（再一次强调 A 系统的好处，为下面推销做基础）

……

小刘："费用您不用担心，这种投入是逐渐追加的。您看这样好不好，您定一个时间，把各部门的负责人都请来，让我们的售前工程师给大家培训一下相关知识。这样您也可以了解一下您的部下都在想什么，做一个摸底，您看如何？"（提出下一步的解决方案）

张经理："就这么定了，周三下午两点，让你们的工程师过来吧。"

作为推销员的小刘，虽然再次拜访张经理的目的还是推销他的 A 产品系统，但是他却从效益这一关心的话题开始谈起，一开始就吸引了张经理的注意力。在谈话进行中，小刘不断地对张经理的见解表示肯定和赞扬，认同他的感受，从心理上赢得了客户的好感。谈话虽然进行到这里，我们可以肯定地说小刘已经拿到了通行证，这张订单已尽收囊中。

所以，在同理性的客户谈判时，就要先从你的产品如何帮助他们，对他们有哪些好处谈起，尽快引起他们的兴趣，但是也不要把所有的好处都亮出来。同时，在谈判中要善于运用他们的逻辑性与判断力强的优点，不断肯定他们，这样才会取得行销的良好效果。

对反复型顾客紧追不舍

相信许多行销人员在进行行销时，都会碰上这样一种客户：情绪化很强，答应好的事，过不了多久就又变卦了。因此称他们为"反复无常型"客户。

那么，遇到这种反复无常型的客户，行销人员怎么应付比较妥当呢？

"喂！陈总您好，我是小刘，上次咱们谈关于安装机器的事，我今天派安装人员过去，您安排一下吧？"

"呀，这个事啊，是今天吗？小刘你这样，我今天很忙。你再过两天打电话过来，咱们再谈。"

"陈总，咱们这事已经定过三次了，您对这个机器也满意，现在天也要冷了，尽快安上也可以避免很多麻烦，你说对吧？"

"对，这是肯定的。"

"陈总，今天您开会是几点到几点？"

"这个会估计要开到 11 点。"

"那您下午没别的安排吧？"（寻找空子。）

"下午很难说。下午我跟客户有个聚会。"

"陈总，这样，我们的人现在就过去。咱们花半个小时时间，您安排一下，接下来的工作，我们就和其他人具体交涉了，您还去参加您的聚会，没问题吧？"

"那好吧。"

针对这种反复无常型客户，心急吃不了热豆腐，销售人员首先要有足够的耐心。

　　小刘已经第四次与陈总接洽了，每次陈总给人的印象都是很爽快，但等到小刘催单的时候他却三番五次地反悔。在有些情况下，拍板人爽快的同意，只是进一步考虑怎么为自己脱身争取时间。小刘通过分析确认陈总属反复无常型客户，于是有针对性地设计了以上说辞。

　　从对话第二段中，可以看出陈总在前一次电话里答应得很爽快，但等到小刘说要派人去安装的时候，他马上又改变了主意。小刘看他又要玩"太极"，马上就说出第三段话来，并强调天冷，不赶紧安装就会出现别的麻烦。陈总只能用"对，这是肯定的"作答，从而为自己争取时间考虑怎么脱身。为了不让他再拖了，小刘要从他的时间安排里找到空隙。这样，就不会给他再次"拖"的机会和借口。不要以为再约一个时间就一切都解决了，小刘在陈总说"下午很难说。下午我和客户有个聚会"中使用了策略，防止拍板人一切从头再来。因此，最后小刘紧追不舍，不给他出尔反尔的机会，让其立即拍板。

　　对待这种反复无常型客户就应该像小刘一样，不给客户再拖的机会，找到空隙就要趁热打铁，紧追不舍；否则只会遥遥无期，最后只得放手。另外，一些客户接到你的电话并不准备倾听或进行建设性的对话，甚至会攻击你。在被客户攻击时仍然要保持愉快的心态，不要在意客户的不敬。这也体现出了一名合格的行销人员的修养与素质。

利用客户之间的微妙关系施加影响

　　郭磊是一位负责电信综合管理系统的销售代表，近日，他把一家邮电管理局列为自己的准客户。要拿下这个客户，他必须攻克两道难关，一是作为决策人的邮电管理局局长，二是负责具体操办的计划处处长。郭磊拜访了相关部门，但是一直没有见到局长和计划处的处长。

　　但客户就要发出需求书了，郭磊必须在需求书发出之前拜访局长和计划处的处长。于是郭磊的上司，销售经理刘文立即从上海飞到客户所在的城市，协助郭磊进行此次销售工作。

刘文决定干脆直接去局长的办公室找他。邮电局上午8：30上班，郭磊和刘文在8：15就来到局长的办公室门口。这是等到局长的最好时机，等局长一开始工作，就很难打断他了。一会儿，一个四十多岁的男士朝办公室走来，两人猜他就是局长，于是硬着头皮上前打招呼。

"请问，是胡局长吗？"

"你是？"

"我是参与电信客户综合管理项目的×××公司的销售经理，我叫刘文，我们是部里电信综合管理系统选型的厂家之一。我昨天拜访了电信处，今天就要离开了，所以在离开之前上门拜访您。事先没有预约，请您原谅。"

"我马上要去开会了。"

"那好，我只占用您几分钟的时间。"

"不行，我马上就得走了，我的会议很重要。"

客户斩钉截铁地拒绝了刘文的请求，他甚至不肯让刘文他们进办公室。如果这时离开客户的办公室，就很难再有机会拜访了，刘文就两手空空地白跑一趟。可是局长已经讲得很清楚，再纠缠下去就显得无理了。

"我今天就要回北京了，您非常忙我就不耽误您的时间了，但是我能不能见一下相关部门呢？比如计划处？"

"行，这事归他们管，你去找他们谈吧。"

"他们好像也不方便接待。"

"谁说他们不接待，我给他们打个电话。"说完，局长拿出手机，"老陈，我这里有两个×××公司的人去见你，你接待一下。"

"你去见计划处的老陈吧，他在四楼。"局长打完电话对他俩说。

两人连忙道谢，并与胡局长交换了名片，表示一定再次登门拜访，握手道别之后，两人直奔计划处。

刘文和郭磊刚到门口，陈处长亲自迎了出来，而且把他们迎进了贵宾室。寒暄过后，刘文进入了主题。

"陈处长，我们这次专程来拜访您，目的就是为了这次的电信客户综合管理系统的建设。我们希望能与贵局在这个项目中有合作的机会。您对这个全省性的项目有什么要求呢？"

"电信客户综合管理系统？这个项目归电信处和信息中心管。"

"您说得没错，电信处是最终的使用部门，信息中心负责设计和以后的维护。计划处现在还没有参与进来，但重要的项目都要经过计划处的把关，这个项目是明年省局提高客户服务质量的重点，是一个非常重要的项目，在关键时刻，您一定也会帮助他们把关，是吗？"

"那是下一步的事情了。"

"我同意您的说法，作为一个供应商我们非常想听听您对这个项目的看法，因为您的意见对这个项目的发展非常重要。而且刚才胡局长也让我们跟您谈谈，他也非常重视您的观点。"

"是吗？胡局长这样讲？"

"对呀，要不然他为什么给您打电话呢？我看得出在这个项目中您的意见很重要。您对这个项目的看法是什么呢？"

陈处长讲完，又叫相关人员来介绍项目的情况。一个半小时之后会谈结束了，刘文邀请陈处长共进晚餐，陈处长接受了邀请。

在这个故事中，郭磊作为公司的销售代表，准备拿下一家邮电管理局作为自己的客户，但是他遇到了很大的困难：即他尝试了几次也没能见到客户的关键决策人物，但时间紧迫，情况不容乐观。

郭磊的上司——销售经理刘文立即从上海飞过来，和郭磊一起采用了直接拜访的策略。但是胡局长因为要开会拒绝了他们的拜访，眼看就要白跑一趟了，刘文急中生智要求见相关部门，胡局长欣然同意，还帮他们给计划处打了个电话。这个电话的作用非同小可，计划处陈处长亲自出迎，与以前避而不见的情形正好相反。

在与陈处长的交谈中，面对陈处长的托词，刘文巧妙地提到了胡局长，利用胡局长对陈处长施加影响。果然，陈处长的态度有了很大转变，由拒绝变得配合起来，下面的交谈就更加顺畅了。

世界上没有无法攻破的堡垒，何况，堡垒往往是从内部被攻破的。从刘文利用胡局长和陈处长之间的微妙关系促成谈判中，我们可以看出，有的谈判虽然看起来是毫无希望的，但是如果我们利用客户之间的微妙关系，就很可能从客户之间的博弈中攻破堡垒，获得销售的成功。世事洞明皆学问，人情练达即文章，我们要在整个销售过程中对客户之间的人情、关系、心理洞若观火。

等顾客吹毛求疵后再言销售

一个打扮时髦的女人走进家电卖场，后面跟了一个五大三粗的男子。

销售人员小韩："小姐、先生您好！欢迎来到 XX 购物广场！有什么需要帮助您的？"

男子："小姐？你叫谁小姐呢？"

销售人员小韩："哦！呵呵，是，女士！"

男子："你的态度太差了吧！"

销售人员小韩："对不起，真的很抱歉，是我的口误，今后我一定改进。"

男子："你是不是见个女人就叫人家'小姐'啊？都什么世道啊！"

销售人员小韩："对不起，我以后会注意的。"

男子："不要把我当做傻瓜，你们这些销售人员没一个好东西，都只会忽悠人，你老实点儿。"

销售人员小韩："我绝对没有这个意思。如果让您有这种感觉的话，我郑重向您道歉。"

男子："你说话能不能再客气一点？"

销售人员小韩："冒犯您了，真是对不起。"

男子："你懂不懂说话礼节？"

销售人员小韩："真对不起，以后我一定注意。"

然后这个男子就被那个女子劝了几句，拉进了卖场。

销售人员小韩："呵呵，这位帅气的大哥，实在抱歉，刚才是我的错。嗯，欢迎帅哥美女来到家电卖场，我是这里的销售人员小韩，在这里工作3年了，因此对这个大卖场的产品非常熟悉，二位有什么疑问，我立刻帮你们解答，请问二位要买什么产品？"

男子："嗯！看你说话挺和气，我带我女友来买一台冰箱，这样她买的很多新鲜水果就能放在冰箱里了……"

很多时候，在商场里因为鸡毛蒜皮的事情而引起很大误会甚至打斗是可能的。但这些事情往往是因为销售人员意气用事，不肯让步造成的。正所谓"生意不在人情在"，销售人员要始终记清自己引导消费的职责。场景中的小韩处理事情比较稳当，没有出现什么冲突，而且"厚着脸皮"将顾客从无关的事情中引向产品销售，可以看出小韩是一位很成熟的销售人员。

现实生活中，大家都有压力，因此在心情不好或者情绪低落的时候，总会有一些顾客拿销售人员当出气筒。作为一名销售人员确实很不容易，但你必须时刻应对这种情况，更不可意气用事与顾客顶撞，你要明白你的唯一使命就是顺利地把产品卖出去。

态度不好甚至是吹毛求疵的顾客一般疑心很重，一向不信任销售人员，片面认为销售人员只会夸张地介绍产品的优点，而尽可能地掩饰缺点，如果相信销售人员的甜言蜜语，可能会上当受骗。

必须承认，吹毛求疵的顾客的确存在，而态度不好的顾客则比比皆是。世界上没有任何事值得他满意，而你的服务总是被抱怨成"糟糕的服务"，而且，他们往往痛恨销售人员。那么你应该如何应对这样的顾客呢？

与这类顾客打交道，销售人员要采取迂回战术，先与他交锋几个回合，但必须适可而止，最后故意宣布"投降"，假装战败而退下阵来，宣称对方有高见，等其吹毛求疵和生气的话说完之后，再转入销售的论题。

用价格的悬殊对比搞定爱占便宜的顾客

每到节假日或特殊的日子，商场、超市等各大卖场都会不约而同的打出打折促销的旗号，以吸引更多的客户前来消费，而往往折扣越低的店面前面，人也就越多。很多人明明知道这是商家的一种促销手段，但人们依然争先恐后雀跃前往，以求买到比平时便宜的商品，这是为什么？

爱占便宜！爱占便宜是人们比较常见的一种心理倾向，在日常生活中，物美价廉永远是大多数客户追求的目标，很少能听到有人说"我就是喜欢花更多的钱买同样多的东西"，用少量的钱买更多更好的商品才是大多数人的消费态度。

爱占便宜追求的是一种心理满足，无可厚非，而每个人都或多或少的具有这种倾向，唯一的区别就是占便宜心理的程度深浅。我们所说的爱占便宜的人，通常是指占便宜心理比较严重的那部分人。

销售过程中，这类客户不在少数，他们最大的购买动机就是是否占到了便宜。所以，面对这类客户，销售员就是利用人们这种心理，通过一些方式让客户感觉自己占到了很大的便宜，从而心甘情愿的掏钱购买。

在英国有一家服装店，店主是两兄弟。在店里，一件珍贵的貂皮大衣已经挂了很久，因为高昂的价格，顾客在看到价格后往往都会望而却步，所以，这件衣服一直卖不出去。两兄弟非常苦恼。后来，他们想到了一个办法，两人配合，一问一答确认大衣的价格，但弟弟假装耳朵不好使将价格听错，用低于卖价很多的价格出售给顾客，遇到爱占便宜的人，大衣一定能卖出去。两人商量好以后，第二天清早就开始张罗生意了。

弟弟在前面店铺打点，哥哥在后面的操作间整理账务。一个上午进来了2个人，方法并没有奏效。到下午的时候，店里来了一个妇人，在店里转了一圈后，她看到了那件卖不出去的貂皮大衣，于是问道："这件衣服多少钱？"作为伙计的弟弟再次假装没有听见，依然忙自己的。于是妇人加大嗓门又问了一遍，他才反应过来。

他抱歉地说："对不起，我是新来的，耳朵不太好使，这件衣服的价格我也不太清楚，您稍等，我问一下老板。"

说完他冲着后面大声问道："老板，那件大衣多少钱？"

老板回答："5000英镑！"

"多少钱？"伙计又问了一遍。

"5000英镑！"

声音如此大，妇人听的很真切，她心里觉得价格太贵，不准备买了。而这时，店员憨厚地对妇人说："老板说3000英镑。"

妇人一听顿时非常欣喜，肯定是店员听错了，想到自己可以省下足足2000英镑，还能买到这么好的貂皮大衣，于是心花怒放，害怕老板出来就不卖给她了，于是匆匆付钱买下就离开了。

就这样，一件很久都卖不出去的大衣，按照原价卖了出去。

以上的案例中，两兄弟就是利用了妇人爱占便宜的心理特点成功的将大衣原价销售了出去。对于爱占便宜型的顾客，只有善加利用其占便宜心理，使用价格的悬殊对比或者数量对比进行销售。占便宜型的客户心理其实非常简单，只要他认为自己占到了便宜，他就会选择成交。

利用价格的悬殊差距虽然能对销售结果起到很好的效果，但多少有一些欺骗客户的嫌疑，所以，在使用的过程中一定要牢记一点：销售的原则一定是能够帮助到客户，满足客户对产品的需求。做到既要满足客户的心理，又要确保客户得到实实在在的实惠。这样才能避免客户在知道真相后的气愤和受伤，保持和客户长久的合作关系，实现双赢结果。

多唠叨细节，让客户无可挑剔

销售员："美女您好！这是我们最新推出的夏季套装，面料舒服，做工精良。要是您喜欢的话，我给你找合适号码，您试试看？"

顾客："我已经有了一件类似的衣服了，不用出件新品就买吧？"

销售员："小姐，我们这件衣服，是限量发行的，您买了是有纪念意义的。而且您气质这么好，和这件衣服简直太搭了。这件衣服穿在您身上，变得更精致动人了。"

顾客："是我了解我的需要，还是你了解，你以为自己是谁呀？"

销售员："我不是这个意思。我就是觉得只有您穿上个衣服，才可以显得这件衣服更高贵。更何况您已经挑了一上午了呀。"

顾客："行了行了，你们这些卖衣服的，除了能添乱还能干什么，月月出新的，月月搞推销，烦不烦啊？没见我正在选吗？总要买性价比最高的嘛。"

顾客："……"

　　场景中的这位顾客表面上看是一位对产品不感兴趣的顾客，而通过后面的对话可以看出她对厂商和产品的一种不能满足顾客最终需求的不满意，她其实是一位分析型的顾客。分析型客户关注的就是细节，不进行一番比较分析，他们绝不轻易做出决定。

　　相对于那些看上了就买，拿起来就走的爽快客户，分析型的客户则显得磨磨蹭蹭，甚至婆婆妈妈。买东西左比右比，左挑右选，确定没有任何问题之后才会购买，以及疑心重、爱挑剔、喜欢分析是这类客户消费时最大的特点。

　　就如同财会工作者，分析型的客户做事非常严谨，在做决定前一定要经过仔细的分析。他们注重事实和数据，追求准确度和真实度，更重要的是，他们关注细节，认为细节与品质之间可以画等号。如果销售员与分析型客户约定面谈，一定要清楚他们要求的时间是很精确的，在他们的脑海中从来不会有模糊的时间概念，他们从不说"午饭之前"这样的模糊概念，而是说"10点30分到"。所以，对于产品的数量和价格，分析型客户的要求也往往比较精确，他们不接受模棱两可的概念。

　　分析型客户非常注重细节，他们比较理智，更相信自己的判断，不会因为一时性起就决定买或不买，往往是进行翔实的资料分析和论证之后，他们才会做出决定。因此，在选购商品时，分析型的客户总会慢条斯理，表现得十分谨慎和理智。

　　销售员有时候会被分析型客户的挑剔弄得不知所措。实际上，只要我们掌握应对这类客户的方法，他们也不是那么难搞定的。当我们遇到分析型的客户时，所说的话一定要与分析型客户的特点相吻合，分析型客户喜欢听销售员的"唠叨"，他们会从销售员介绍的细节中来获取有效的信息，以做分析判断。如果销售员过于大意，粗枝大叶、含含糊糊、条理不清、言语不准，就无法赢得分析型客户的信任，甚至还会引起客户的厌烦。我们对比一下下面这些销售场景就知道了。

客户挑剔："你们的品牌也算高档，为什么做工还不是很好呢？你看这边居然还有线头啊。"

错误回答："这是正常的。"（言语不准）

错误回答："这种小问题是难免的。"（欲盖弥彰）

错误回答："哦，这要剪掉就好了，没事的，不影响！"（含含糊糊，想蒙混过关）

错误回答："现在的衣服都这样，这算是普遍现象了，处理一下就好了。"（为自己的服装不好找借口）

正确回答："谢谢您告诉我这个状况，我会马上跟公司反映，立即做出调整，真是谢谢您。来，我帮您换一件让您试穿，这边请……"（承认事实，并立即给出解决方案）

正确回答："哎呀！没关系，我来处理一下，我先拿另外一件新的让您试穿看看，这边请……"（勇于承担责任，立即对问题进行解决）

面对最挑剔的分析型客户，我们不能莽撞地采取"对抗"的方式。而应该婉转，巧妙地将分析型客户耿耿于怀的不满之处转移出去。与分析型客户的接触过程，一定要留给他一个好的印象，说话不夸张、不撒谎，也不能强迫客户购买，因为这样的客户往往很有主见，并且追求完美，有着自己的行为信条，不愿意受人左右。仔细询问客户的需求，并想办法尽量满足客户的需求，运用细节的力量超出客户的期望。总之，分析型的客户考虑比较周全，那么销售员就应该做到更加周全，只要能在细节上让客户心服口服，交易自然就会成功。